NEW AGE

Buch

Ein Buch zur Heilung und Harmonisierung unseres Planeten und allen darauf bestehenden Lebensformen gewidmet.
Ein Aufruf, sich mit all jenen Menschen gedanklich zu verbinden, die diese Idee, deren Zeit gekommen ist, kraftvoll unterstützen. Denn: Jeder Gedanke – auch der von Menschen ohne Einfluß und Position – ist beteiligt an den Ursachen weltbewegender Wirkungen.
Wir stehen am Anfang eines neuen Zeitalters. Eine kollektive Bewußtseinsveränderung der Menschen könnte bedeuten, daß wir endlich Krieg und Vernichtung, Haß und Unversöhnlichkeit hinter uns lassen und zu neuen, friedlichen Ufern aufbrechen.

Autor

John Randolph Price ist Präsident und Geschäftsführer von »The Quartus Foundation for Spiritual Research, Inc.«, einer gemeinnützigen Organisation mit Hauptquartier in der Nähe von Austin, Texas. Seine Frau Jan, Mitgründerin von Quartus, ist Vorsitzende des Beratungsausschusses dieser Stiftung. Zusammen leiten sie in den Vereinigten Staaten Seminare, die das spirituelle Erwachen der menschlichen Gesellschaft fördern.

JOHN RANDOLPH PRICE

DEINE ZUKUNFT IST *jetzt*

Aufruf zur Rettung der Erde

GOLDMANN VERLAG

Aus dem Amerikanischen übertragen von Ursula Lindt
Die Originalausgabe erschien unter dem Titel
»The Planetary Commission« bei The Quartus Foundation
for Spiritual Research, Inc., Texas

Der Goldmann Verlag
ist ein Unternehmen der Verlagsgruppe Bertelsmann

Made in Germany · 4/89 · 1. Auflage
Genehmigte Taschenbuchausgabe

Umschlaggestaltung: Design Team München
Druck: Elsnerdruck, Berlin
Verlagsnummer 14049
Lektorat: Michael Görden
Herstellung: Gisela Ernst
ISBN 3-442-14049-8

Inhaltsverzeichnis

Dieses Buch ist der Heilung und Harmonisierung dieses Planeten und aller darauf bestehenden Lebensformen in Liebe gewidmet.

Anerkennung

Ich möchte allen Teilnehmern des »Quartus Bonds of Light Program« meine tiefe Dankbarkeit und Anerkennung aussprechen. Eure Liebe, Euer Vertrauen und Eure Hilfe machte die Tätigkeit des Geistes sichtbar und die Herausgabe des Buches »Die Zukunft ist jetzt« in göttlicher Ordnung möglich. Weil es Euch gibt, ist dieses Buch wirklich ein gemeinsames und exklusives Werk unserer Gemeinschaft, die das strahlende Liebes-Licht der »Quartus Society« hinein in die Welt trägt.

Einleitung

Als ich mein erstes spirituelles Buch schrieb und herausbrachte, war ich auf die dann folgenden Ereignisse und Erfahrungen nicht vorbereitet. Jan, seit über dreißig Jahren meine Frau und Partnerin, und ich hatten uns intensiv mit spirituellen Studien und der Anwendung der Wahrheitsgesetze beschäftigt, doch wir wußten nicht, daß die Suche nach den hochentwickelten Seelen, die wir als die »Gottmenschen« bezeichneten, und deren Entdeckung in so dramatischer Weise unser Leben verändern würden.

Die »Superbeings« erschienen im Dezember 1981, und im Monat darauf riefen wir THE QUARTUS FOUNDATION offiziell ins Leben, um unsere spirituellen Forschungen fortzuführen. Es gelang uns sehr schnell, mit einzelnen Menschen, Gruppen und Institutionen in den Vereinigten Staaten und anderen Ländern Kontakt aufzunehmen und dadurch herauszufinden, daß wir in unseren Berichten bisher lediglich die Oberfläche des großen spirituellen Erwachens berührt hatten. Die uns täglich in großer Zahl erreichenden Briefe zeigten deutlich, daß ein gewaltiger evolutionärer Wandel im Bewußtsein der Menschen stattfindet, die Beschleunigung jedoch schon weiter fortgeschritten ist, als wir zunächst gedacht hatten. Obwohl davon bisher nur ein kleiner Prozentsatz der Weltbevölkerung betroffen ist, bewegt sich doch eine mächtige Flutwelle spiritueller Energie über das Land, und als wir schließlich wieder aus unseren gemütlichen Ecken hinausgedrängt wurden und mit unseren Seminaren und Arbeitsprogrammen begannen, wurden wir buchstäblich hochgehoben und in eine andere Dimension des Lernens und Wachsens hineingetragen.

Der Gedanke von Gruppentreffen auf der Grundlage unserer

eigenen Erfahrungen und der Lehre der Erleuchteten war uns niemals in den Sinn gekommen. Doch im April des Jahres 1982 erhielt Jan von Carolyn Michael, Ministerin der Unity-Kirche in Huntingdon, Long Island, einen Anruf. Sie lud uns beide nach dort ein, um eine Arbeitstagung über das Buch »Superbeings« zu leiten. Doch als Jan ihr sagte, wir hätten so etwas noch gar nicht gemacht, klang ihre Antwort ähnlich wie: »Dann tut Ihr es eben jetzt.« Wir haben es dieser großartigen Seele zu verdanken (Jan spricht von ihr als einer lebenden, sich bewegenden, wandelnden und sprechenden Bejahung), daß für uns beide ein neues Abenteuer begann. Bis heute haben wir nichts zur Förderung unserer Seminarreisen getan. ... Wir geben Seminare nur, wenn wir eingeladen werden, doch seit dieser wundervollen Tage in Huntingdon sind wir von New York bis Florida, vom tiefen Süden und durch ganz Texas bis hinaus in den Mittelwesten und quer durch Kalifornien gereist.

In jeder Stadt begegneten wir außergewöhnlichen Menschen – Männern und Frauen, die wirklich das Neue Zeitalter repräsentieren – Mystikern, Heilern, Lehrern, den Lehrern der Lehrer, Wissenden und fortgeschrittenen Metaphysikern. In Wirklichkeit entdeckten wir noch weitaus mehr Lichtmeister als zu der Zeit unserer Suche für das erste Buch! Gleichzeitig wuchs die Zahl der Mitglieder der Quartus Society – die nach außen wirkende Gruppe unserer Stiftung – sehr schnell an. Bei Begegnungen in den Arbeitsseminaren und in den Briefen von Teilnehmern, die uns an ihren persönlichen spirituellen Erfahrungen teilhaben ließen – spürten wir – wie niemals zuvor – die bisher nie dagewesene Sehnsucht nach dem Licht. Die Dinge kamen in Bewegung! Die auf den »Weg« führenden Zufahrten waren vollgestopft mit Suchern, die alle dem hohen Weg spiritueller Erleuchtung zustrebten und sich mit denen verbanden, die sich vor ihnen aufgemacht hatten. Bilder eines neuen Himmels und einer neuen Erde wurden in Meditationen sichtbar und drängten Männer und Frauen, der neuen Vision zu folgen. Für wieder andere begann die leise, kaum hörbare Stimme in ihrem Innern mit unmißverständlicher Klarheit zu sprechen und sie – unabhängig von religiöser Bindung – auf den leuchtenden »Pfad« zu führen, der vor ihnen lag.

Für uns war es auf dieser Reise Drama und Aufregung genug, die wundervollen Erfahrungen zu sammeln, die die Menschen aus den unterschiedlichsten Lebensbereichen uns mitteilten.

Aus Florida: »Meine Sterbeurkunde war bereits unterschrieben und ich war klinisch für einige Zeit tot. Ich fühlte mich frei auf dieser wunderschönen Straße zum Licht, als Jesus vor mir erschien und sagte: ›Noch nicht, mein Kind, deine Zeit ist noch nicht gekommen. Du hast noch eine Aufgabe zu erfüllen.‹ Ich setzte mich im Bett auf – zum Schrecken meiner Mutter und des Arztes – dann schlief ich 24 Stunden lang. Als ich aufwachte, war ich völlig geheilt.«

Aus Texas: »Mein toter Körper sollte in einen anderen Teil des Hospitals gefahren werden, die Sterbeurkunde war bereits unterzeichnet. Während dieses Vorgangs empfand ich mich ganz deutlich in einem lichterfüllten Raum. Mir erschien ein Wesen, das sich als der Wegweiser bezeichnete und mir auftrug, zurückzukehren zu der Aufgabe, die noch zu erfüllen sei. Ich war damit einverstanden. Aber ich muß sagen, daß meine Rückkehr ins Leben im Hospital für einige Aufregung gesorgt hat.«

In sehr vielen ähnlichen Berichten erschienen unsere älteren Brüder im Grenzbereich, um die Seelen auf die irdische Ebene zurückzuführen, weil offensichtlich ihre Aufgabe in dieser Inkarnation noch nicht erfüllt war. Bedenken wir, daß die Zahl derer, die die Wahrheit offen und bereitwillig annehmen, immer noch sehr gering ist. Deshalb ist jeder Sucher und Lichtträger wichtig für die Arbeit, die in den vor uns liegenden Jahren getan werden muß.

Aus Missouri: »Seit Juni 1983 reise ich im Land umher und habe das erlebt, was ich als ›Wiedergeburts-Erfahrung‹ bezeichne. Ich kann es nur auf diese Weise beschreiben: Mir ist, als hätte ich nur einen einzigen Schritt getan, um vom Fuß des Berges bis zur Spitze zu gelangen, so als wäre mein altes Selbst völlig verschwunden.«

Aus Kalifornien: »Ich habe das erfahren, was man ›kosmisches Bewußtsein‹ nennt. Während mehrerer Stunden, in denen mich mein Mann andächtig beobachtete, erschien ich völlig verwandelt. Ich erlebte die ekstatischste, intensivste, wundervollste Liebe. Ich war wirklich eins mit Gott und dem Universum. Ich war ein Teil von allem und alles war ein Teil von mir. Die Bäume leuchteten, ihr Grün war grüner; die Gebäude waren heller, die Luft klarer, alles und jeder war vollkommen und schön. Schließlich kehrte mein Normalzustand zurück, doch seit diesen Stunden bin ich Gott näher als je zuvor. Seine Nähe hat mich nie mehr verlassen. Meine Todesfurcht ist vergangen.«

Aus Texas: »... ohne Vorwarnung – ich befand mich weder im Gebet noch in der Meditation (ich habe mich vielmehr nach dem Duschen angekleidet) – wurde mir die Erfahrung der Gegenwart Gottes zuteil. Während eines Zeitraums von ungefähr vier Stunden umfing mich Seine Gegenwart. Was mich betrifft, so widersteht dieses Erlebnis jeder Beschreibung. Ich kann aber sagen, daß diese vier Stunden die einzige Zeit in meinem Leben war, in der ich wirklich lebte. Verglichen damit habe ich 71 Jahre lang lediglich existiert. Während mich Seine Gegenwart umfangen hielt, WUSSTE ich, daß der Tod eine Lüge ist, daß niemand wirklich sterben kann, daß wir auf ewig leben. Ich WUSSTE, daß ich schon immer war und immer sein werde. In anderen Worten, ich erlebte die Ewigkeit.«

Ähnliche kosmische Erfahrungen werden Männern, Frauen und Kindern in der ganzen Welt zuteil. Sie gewähren uns einen kurzen Blick in die Wirklichkeit und beleben die Liebesschwingung, die uns in unserer Arbeit vorwärtsträgt, um unser Gefühl der Trennung von Gott zu heilen. Für die meisten von uns sind diese Erfahrungen jedoch nicht so dramatisch, und wir neigen dazu, sie als Gefühlsausbruch oder Laune unserer Fantasie abzutun. Ganz gleich, was immer sie sein mögen, wenn sie uns helfen, den toten Punkt zu überwinden und uns dazu bringen, den Weg, die Wahrheit und das Licht zu suchen, dann haben sich diese Erfahrungen gelohnt und ihren Zweck erfüllt.

Wie es aussieht, haben wir aus dreidimensionaler Sicht nicht ewig Zeit, um uns zu besinnen. Die negative Energie des kollektiven Bewußtseins nähert sich der kritischen Masse. Daher hat jeder von uns einen Beitrag zur »Planetarischen Kommission« zu leisten, um dieses Kraftfeld umzulenken und sicherzustellen, daß das Gute sich wie in einer Kettenreaktion selbst erhält! Das ist das Hauptanliegen dieses Buches. In Teil I, 1. Kapitel, erläutern wir die lebenswichtige Aufgabe – wir sprechen über die vor uns liegende kritische Situation und überlegen, was jeder von uns tun kann, um das Neue Zeitalter des »Friedens auf Erden und den Menschen ein Wohlgefallen« einzuleiten. In Kapitel zwei behandeln wir »Das Zusammenkommen« der Kommission... derjenigen Wahrheitssucher und Wegbereiter der verschiedensten Richtungen (aller Fäden der Goldenen Schnur – metaphysische Gemeinsamkeiten aller Religionen), die sich wieder einmal zu einem gemeinsamen Ziel zusammenschließen.

Damit du aktiv zum Gelingen dieser Kommission beitragen kannst, mußt du – von deiner augenblicklichen Bewußtseinsebene her – begreifen, wie der göttliche Plan für dich selbst und für die Menschheit insgesamt aussieht. Das erfordert eine genaue Überprüfung deiner persönlichen Akasha-Chronik. Diese Frage behandeln wir im 3. Kapitel. Damit wollen wir dir helfen zu erkennen, warum du hier bist, was du zu lernen, welche Aufgaben du schon gemeistert, welche besonderen Talente du mitgebracht hast und wie du das Lebensprogramm deines göttlichen Plans als Mit-Schöpfer deines Gott-Selbstes entwikkeln kannst.

In Teil II stellen wir dir das ARBEITSBUCH ZUR SELBSTMEISTERUNG vor. Dabei geht es um einen Studienkurs der göttlichen Realität – eine umfangreiche Serie von Lektionen und Essays über mehrere Kapitel hilft jedem einzelnen von uns, unser Denken zu erweitern, unser Bewußtsein zu erheben und uns als Kanal zu öffnen für das Licht aus unserem Innern. Während wir zusammen lernen und wachsen, tragen wir unseren Teil dazu bei, die Fehler des Rassenbewußtseins auszulöschen. Diese Welt WIRD gerettet. Dieser Planet WIRD geheilt und harmonisiert. Und wenn wir zusammenarbeiten, um diese Aufgabe zu erfüllen, dann erfährt ein jeder von uns mehr Liebe, Freude, Friede und Reichtum, als wir uns je träumen ließen.

Dir danke ich, daß du ein Teil dieses aufregenden Abenteuers bist.

John Randolph Price

Teil I

Beschreibung unseres Auftrags

»Es gibt etwas, das stärker ist als alle Armeen der Welt – und das ist eine Idee, deren Zeit gekommen ist.«

Voltaire

PLANETARISCHE KOMMISSION ZUR HEILUNG DER WELT

1. KAPITEL

Die Zukunft ist jetzt

Der Siedepunkt des Evolutionsprozesses ist nicht erst irgendwann in der Zukunft erreicht. Ob wir es nun begreifen oder nicht, das neue Zeitalter ist bereits da. Es ist nicht erst auf dem Weg zu uns, sondern es ist schon hier. Wir haben auf das Neue Zeitalter des Lichtes und der Liebe gewartet – und es ist hier, überall um uns herum, jetzt! Es geschah in dem Augenblick, als wir die Atome spalteten!

Denke einmal darüber nach! Im Atom fanden wir ein Sonnensystem in Miniaturausgabe, und in diesem Wassermannzeitalter werden wir die weiten Räume des Universums erforschen. Wir haben gleichzeitig wie in einen Spiegel unserer Seele geschaut – die positiven, negativen und neutralen Teile, die unser Bewußtsein repräsentieren, und der Atomkern oder Kernpunkt, der dem innewohnenden Christus oder dem spirituellen Kern eines jeden Menschen entspricht. Der äußere Bereich und der innere Bereich – dargestellt im kleinsten Teil der Materie –, und dann machten wir den großen Sprung vorwärts. Als wir den Atomkern spalteten und seine Energie freisetzten, verrissen wir buchstäblich den Schleier. Wir bewegten uns durch die letzte Grenze der Materie und hinein in die neue Welt der Spiritualität.

Mit diesem neuen Gewahrsein, mit dem Verständnis und der Kenntnis der Atome und der Freigabe seiner Energien, umfing eine neue Bewußtseinsschwingung den gesamten Planeten, und die Tür zum Wassermannzeitalter wurde weit aufgestoßen. Das neue Zeitalter hatte begonnen! Und in diesem neuen Zeitalter werden die wahren Geheimnisse des Atoms offenbar werden. Im Augenblick entspricht jedoch unsere wissenschaftliche Kenntnis auf diesem Gebiet wohl noch mehr dem eines Kindergartens.

Ja, wir haben das neue Zeitalter betreten, doch damit tragen wir auch die Verantwortung und die Verpflichtung, die ZIVILISATION des Wassermannzeitalters zu schaffen. Das ist der Sinn unseres Lebens, unserer Mission, deine und die meine. Darum sind wir hier. Nun wäre es sicher vollkommen logisch anzunehmen, daß die Menschheit wohl vor ein paar Jahren eine Umleitung genommen haben muß, denn wenn wir bereits jetzt im gelobten Land leben, dann muß jemand einen seltsamen Humor besitzen. Viele von uns aus dem Fischezeitalter und der Zeit davor haben sich das neue Zeitalter sicher nicht mit Millionen von hungernden Menschen und Millionen in jedem Jahr an Hunger sterbenden Menschen vorgestellt. Wir haben auch nicht mit dem Chaos, den Konflikten und den Verwirrungen gerechnet – auch nicht mit dem Leid, der Trauer und dem Sterben in der ganzen Welt. Wir sollten eigentlich schon jetzt in Frieden und Harmonie leben.

Doch offensichtlich haben wir unser Gepäck von Furcht, falschen Überzeugungen und fehlerhaften Vorstellungen nicht abgeladen, als wir das Fischezeitalter verließen, sondern haben es vielmehr mitgeschleppt. Das war eine sehr gefährliche Sache, besonders beim Eintritt in das Wassermannzeitalter. Du weißt, Aquarius ist der Wasserträger, und Wasser symbolisiert die Einwirkung des Geistes, somit ist das Wassermannzeitalter das Zeitalter der Vergeistigung. Es ist bemerkenswert, daß »Zeitalter« – unabhängig von seinem Standpunkt auf dem Zodiak – der Raum-Zeit-Energiemasse ähnlich ist, die dem nächsten Evolutionskreis der Menschheit zu dienen bereit ist. Im Fischezeitalter lag die Betonung auf der Entwicklung des Einzelwesens als Persönlichkeit. Im Wassermannzeitalter ist jedoch die Bühne vorbereitet für die Entschleierung der wahren Geistigkeit des Menschen und der Identifikation des einzelnen als geistigem Wesen. Daher unterscheidet sich das Energiefeld des Wassermanns wesentlich von allen anderen. Als Wasserzeichen ist es bereit, das negative Bewußtsein des Individuums aufzubrechen und aufzulösen, und, falls erforderlich – wie die Flut –, alle äußeren Bedingungen fortzuwaschen, die durch das Rassendenken, das kollektive Bewußtsein des Menschen geschaffen wurden.

Als wir offiziell in das neue Zeitalter eintraten und die Schwingungen des Wassermanns auf unser Gepäck auftrafen, das wir aus dem Fischezeitalter (und anderen Zeitaltern) mit herübergebracht hatten, brach die Hölle los. Der Zweite Weltkrieg, das Abwerfen der Atombomben auf Hiroshima und Nagasaki, die koreanische »Polizeiaktion« und der Vietnamkrieg, Attentate, zerfallende Städte, Aufstände, Drogenalpträume, Watergate, Geiseldramen, der Konflikt im Mittleren Osten, Terroranschläge, die alle mehr oder weniger mit Tragödien verbunden waren, je nach unserem Blickwinkel, Reaktorunfälle.

Deshalb fragen wir jetzt... gibt es eine Möglichkeit, die Vergangenheit loszulassen und einen neuen Start zu wagen? Wieviel Zeit bleibt uns wirklich noch mit dieser Art des Massenbewußtseins? Nun, du weißt es und ich weiß es auch, es gab noch niemals ein Problem, für das man nicht auch eine Lösung hätte finden können. Es gibt keine Frage ohne passende Antwort. Wir wollen also die Situation näher betrachten und entscheiden, was zu tun ist.

Wohin gehen wir von hier aus?

Zunächst einmal, wo befinden wir uns jetzt? Wir leben auf einem Planeten, einem Raumschiff, das wir Erde nennen und in einem weiten und unendlichen Etwas hängt, das wir als Raum bezeichnen. Und obgleich Millionen von Menschen sich auf diesem Pfad der Liebe, des Lichtes und des Friedens befinden, gibt es mehr als vier Milliarden Männer, Frauen und Kinder, die um das pure Überleben kämpfen müssen. Und in diesem Kampf denkt, fühlt und handelt jedes Wesen nur für sich. Diese mentale-emotionale-physische Tätigkeit eines jeden Menschen wird im Energiefeld des einzelnen aufgezeichnet, in jedem Bewußtsein. Und weil wir alle verwandt und auf der Ebene des Unterbewußtseins miteinander verbunden sind, deshalb wird jeder einzelne Bewußtseinsimpuls im kollektiven Bewußtsein der Menschen registriert und aufgezeichnet – also im universalen Energiefeld, im Rassendenken.

Nun, wir alle kennen die Macht eines einzelnen Bewußtseins. Wir wissen, daß jeder von uns Materie beeinflussen und selbst Raum und

Zeit ändern kann. Wir tun das täglich – von einem positiven Standpunkt aus – in unseren Meditationen, Gebeten und spirituellen Behandlungen. Wir haben Beweise unglaublicher Veränderungen in einem Körper beobachtet, wenn die Auswirkungen von Krankheiten ausgelöscht und die physischen Organe wiederhergestellt wurden – manchmal von einem Moment zum anderen. Wir haben auch wunderähnliche Demonstrationen von Wohlstand, das Erkennen der wahren Lebensaufgabe und die Heilung von Beziehungen gesehen, für die Zeit und Raum sich verdichteten, um die Wirklichkeit sofort zu manifestieren. Doch wir wissen auch, was unser negatives Denken und unsere falschen Überzeugungen anrichten können. Uns ist bekannt, daß Furcht, Selbstverurteilung, Unversöhnlichkeit, Kritik und Ablehnung gegenüber anderen unsere physische Struktur verändern und sich als Mangel und Begrenzung in unserem Leben manifestieren können. Durch das Gesetz der Anziehung bringen wir das in unser Leben, was wir am meisten fürchten, und Feindseligkeit gegenüber unseren Brüdern bewirkt in unserem persönlichen Energiefeld eine so starke negative Schwingung, daß Unfälle, Versagen, zerbrochene Beziehungen und andere schwerwiegende Erfahrungen direkt von uns angezogen werden.

Stellen wir uns einmal vor, was vier Milliarden Menschen in einem Energiefeld negativen Bewußtseins bewirken könnten. Wir könnten die Vereinigten Staaten mit einer Decke von Kälte zu bedecken, wie sie niemals zuvor in der Geschichte erlebt wurde. Wir vermöchten Stürme hervorzubringen, die die Küstenbänke untergraben, landwirtschaftliche Anbaugebiete und Städte überfluten und Häuser und Geschäfte zerstören, Menschen töten und Milliardenschäden anrichten. Wir könnten unsere Atmosphäre verschmutzen und das Erdreich so verunreinigen, daß bestimmte Teile des Landes zum allgemeinen Notstandsgebiet erklärt werden müßten. Wir könnten Städte und Dörfer mit Erdbeben dem Boden gleichmachen, den Bau von Selbstmordbomben fördern, eine Regentschaft des Terrors aufstellen und so intensives Mißtrauen zwischen den Nationen, die die stärksten Waffentechnologien besitzen, hervorrufen, daß der größte Teil der Welt in einem Zustand panischer Angst lebte.

Ja, all das könnten wir bewirken, indem wir weltweit Haß hervorrufen – aber das muß nicht unbedingt so sein. Wir erreichen die gleichen Ergebnisse und richten einen ähnlichen verheerenden Schaden auf diesem Planeten an, wenn wir ganz einfach die Menschen so hypnotisieren, daß sie glauben, die Welt der Illusion sei ihre wahre Wirklichkeit. Anstatt uns auf Gott als einzige Ursache und einzige Tätigkeit, als einzige Gegenwart und Macht zu verlassen, könnten wir den Menschen dazu bringen, zu glauben, daß die Materie sein Gott ist – und damit das erste Gebot übertreten: »Du sollst keine anderen Götter neben mir haben.« Wenn wir die materielle Welt als Keil fest zwischen Mensch und Gott treiben können, dann gelingt es uns, den Menschen ganz zu zerstören und ein totales Gefühl des Getrenntseins zwischen ihm und seinem Gott hervorzurufen. Dann muß er materielle Idole anbeten, und in diesem Götzendienst wird er für seine Leidenschaft kämpfen und töten, und weil er kämpft um festzuhalten und tötet um zu besitzen, wird er ein so starkes negatives Bewußtsein aufbauen, daß alle möglichen Dinge von ihm angezogen werden – wie Naturkatastrophen, Kriege, Hungersnöte, Krankheiten. Wir können so viel Böses auslösen, daß dieser Planet und alle auf ihm lebenden Menschen nach dem bloßen Leben schnappen!

Und genau all das haben wir getan, und wenn ich »wir« sage, dann meine ich jeden von uns, als Repräsentanten der Menschheit – als Zelle innerhalb des kollektiven menschlichen Bewußtseins. Die -ap- (Associated Press) berichtete am 1. Januar 1984: »Vielleicht waren es die mit Sandsäcken geparkten LKWs um das Weiße Haus herum am Erntedankfest. Wahrscheinlich war es etwas anderes. Die Bombardierung der Botschaft in Beirut. KAL Flug 007. Die Explosion der Marine-Barracken. Die Landung auf Grenada. Irgendwann begann es wohl, daß die Welt 1983 ein gefährlicherer Platz zum Leben wurde. Der Anstieg der Gewalttätigkeiten erinnerte die Amerikaner an die Anfälligkeit der Koexistenz. Die Menschen dachten an das Undenkbare: einen Nuklearkrieg, der zur Hauptsendezeit gezeigt wurde. Terroristen mit Kamikaze-Zielsuchern nahmen die amerikanische Botschaft zur Mittagszeit unter Beschuß: 63 Tote. Ein amerikanisches Marinelager wurde am Sonntagmorgen in die Luft gesprengt: 241 Tote. Für die amerikanischen Soldaten war es seit dem Vietnamkrieg das blutigste Jahr. Zu Hause bedrohte das Wetter das Land mit Flutwellen, großen Schneemengen, Erdrutschen, Fluten und einem Hurrikan.«

Um die Frage zu beantworten – »Wohin gehen wir von hier aus?« – müssen wir zunächst einmal wissen, wohin wir gehen und was wir sein wollen. Wir müssen uns unser Ziel zunächst gedanklich vorstellen. Denken wir an eine Welt, in der es keine Konflikte gibt – kein eigennütziges Konkurrenzdenken – nur liebevolle Zusammenarbeit. Sehen wir vor uns eine Welt ohne Umweltverschmutzung, frei von Bedürfnissen, frei von Krankheiten, frei von Katastrophen. Stellen wir uns eine Welt vor, die mit lächelnden, lachenden, glücklichen, frohen Menschen bevölkert ist – alle strahlend gesund, alle mehr als ausreichend versorgt, alle geliebt und liebevoll. Entwickle in dir ein *Gefühl* für eine solche Welt – sieh dich selbst mitten in dieser Welt. Sieh dich als einen von Leben, Energie und Vitalität erfüllten Menschen, mit starkem und dynamischem Körper. Sieh dich umgeben von Wohlstand und wahren Reichtum genießend. Sieh dich in einer Welt, in der du tust, was du liebst und liebst, was du tust, ungebunden und frei. Sieh dich fähig, jeden einzelnen Menschen auf diesem Planeten, ob Mann oder Frau, zu umarmen, zu lieben und zu dienen, ganz unabhängig davon, wer oder was sie sind, was sie haben – und spüre die uneingeschränkte Liebe, die von dir zu allen ausstrahlt – und von allen Menschen zu dir zurückkehrt.

Barbara Marx Hubbard, Gründungsmitglied vom »Weltweiten Zukunfts-Sender« hat gesagt, daß »der Schlüssel zur internationalen Entwicklung unser Vorstellungsbild der Zukunft ist. Wenn wir uns selbst als universale Spezies sehen, die sich zusammen mit der Natur zu einem Wesen höherer Art entwickelt, dann wird das so sein. Denn uns geschieht nach unserem Glauben. So wie wir uns selbst sehen, so werden wir.«

Wir können sehen, wie wir zu werden wünschen, doch wir fragen uns selbst: – »Wie, in Gottes Namen, kommen wir von hier nach dort?« Nun, genau so, nämlich im Namen Gottes.

Erinnern wir uns doch an den Namen Gottes. Er ist ICH BIN – und das allmächtige ICH BIN wird uns in das gelobte Land führen,

WENN ein jeder von uns die Wahl trifft, sein Augenmerk von der Materialität auf die Spiritualität umzulenken. Und glaube nicht einen Moment lang, daß die Erneuerung unseres Denkens etwa bedeutet, daß es in Zukunft weniger »materielle Güter« in unserem Leben geben wird. Meinst du, Salomon wäre reich gewesen? Denke daran, er hatte Zugriff zum Lagerhaus der Fülle – es ist das gleiche, das der Vater einem jeden von uns gegeben hat. Erinnere dich auch, daß die Bibel vom Wohlstand innerhalb unserer *Paläste* spricht, aber nicht von Wohnungen im 5. Stock, zu denen wir hochlaufen müssen, oder verbilligten Mietwohnungen. Die Bibel spricht auch davon, daß die Segnungen des Herrn *reich* machen, und uns *in reichem Maße von allen Dingen* zuteil wird – und daß der Herr seine Gaben über uns *ausschüttet*. Zu diesen »Gaben« gehört alles, was wir uns überhaupt wünschen oder gebrauchen können, ob in spiritueller, emotioneller, mentaler und körperlicher Hinsicht. Das gesamte Königreich!

Doch die Ironie der Sache ist: Uns wird all dieses Gute nur zuteil, wenn wir aufhören ihm nachzulaufen. Dann wird es uns verfolgen, wird uns einfangen und uns mit so vielen Segnungen überschütten, daß wir Mühe haben werden, alles in Empfang zu nehmen – es sei denn, wir erweitern unsere Aufnahmefähigkeit. Doch solange wir uns nur auf das *Kriegen* konzentrieren, behindern wir Gott, der geben will, trennen wir uns vom Geist Gottes, dem großen ICH BIN, der in jedem von uns wohnt.

Verstehen wir doch, wenn unsere Gedanken sich mit Gott beschäftigen, dann kontemplieren wir in Wirklichkeit die *Allverfügbarkeit*. Doch sind unsere Gedanken auf dieser Welt, auf Mangel und Begrenzung gerichtet – ob in bezug auf Gesundheit, Reichtum oder liebevolle Beziehungen – dann speisen wir das kollektive Bewußtsein der Menschen mit den Gedanken von *Mangel*, und das wird immer entsprechend reagieren. Das Gesetz des Bewußtseins erfüllend wird es mehr Mangel, mehr Begrenzungen, mehr Zustände der Nichtverfügbarkeit hervorbringen. Die Menschheit, die die Spiralwirkung der Aktivität des negativen Bewußtseins erkennt, reagiert mit Widerstand. Doch Widerstand führt zu Feindseligkeit, zu Überlegungen und Manipulation, um auf Kosten des Bruders, des Nachbarn und anderer Mitglieder der planetarischen Gemeinschaft das zu *bekommen*, was ihm sonst versagt bleibt. Doch dieses getrübte Bewußtsein bringt nur noch schlimmere Zustände von Verwirrungen, Konflikten und Chaos hervor. Und so setzt sich der Kreislauf fort und fort und fort.

Erkennst du nun, daß das Geld auf diesem Planeten für die Menschen zum Gott geworden ist? Und siehst du, wie die Anbetung dieses falschen Gottes das kollektive Bewußtsein mit so viel negativer Energie genährt hat, daß es zu explodieren bereit ist? Verstehst du, warum geschrieben steht, daß die Anbetung des Geldes die Wurzel allen Übels ist? Es ist nicht die Rede davon, daß sie nur einen *Teil* des Übels auslöst, gesagt wird vielmehr, daß sie *alles* Übel verursacht! Und das Wort »alles« heißt: die ganze Menge, im vollen Umfang, total, das Höchstmögliche. Daher können wir ALLE Probleme der Menschen auf eine einzige Wurzel zurückführen, nämlich, daß wir die Wirkung über die Ursache stellen. Wenn wir eine Wirkung vergöttern, was tun wir dann? Wir geben dieser Auswirkung Macht über uns. Wir erheben sie zu Gott, zu unserem Herrn, und wenn wir das tun, dann geben wir unser göttliches Erbe auf.

Die Planetarische Kommission

Was können wir tun? Was kannst du tun? Wohin gehen wir von hier aus? Nachdem wir diese Fragen einige Monate kontemplierten, kamen Jan und ich zu der Überzeugung, daß sofort eine PLANETARISCHE KOMMISSION ins Leben gerufen werden mußte, die den Blickpunkt vom Materialismus zur Spiritualität umlenkt.

Das Wort »Kommission« heißt in unserem Fall lediglich eine Gruppe von Menschen, die sich eine bestimmte Aufgabe gestellt hat. Uns wurde gesagt, daß jeder einzelne, der daran teilnehmen möchte, eine feste Verpflichtung hierzu übernehmen muß – und die »Mitgliedschaft« in dieser Kommission erfolgt automatisch mit der Verpflichtung. *Du* brauchst nur eine feste und aufrichtige Verpflichtung in schriftlicher Form einzugehen, daß du dein Denken erneuern willst und mit liebevollem Herzen den Entschluß gefaßt hast, auch ein Teil dieses heilenden und harmonisierenden Einflusses zur Rettung dieses Planeten zu sein. Diese Kommission ist nicht wie die Friedensbewegung oder die Bewegung der Atomkraftgegner oder wie irgendeine sonstige Bewegung. Wir werden gegen nichts protestieren, und wir werden uns gegen nichts wehren. Wir möchten uns nur BEREITERKLÄREN, Gott Gott sein zu lassen! In Wirklichkeit sagen wir: »Hallo, Gott... wir als Repräsentanten der Menschheit geben DIR hiermit die Erlaubnis, das Gefühl des Getrenntseins zu heilen und geistige Gesundheit auf diesem Planeten wiederherzustellen. Und wir tragen unseren Teil dazu bei, indem wir Dich und nur Dich als unseren Geist, unsere Substanz, unsere Versorgung und unsere Hilfe anerkennen.«

Was wir wirklich tun, ist uns als freiwillige Mit-Schöpfer Gottes in der Durchführung des göttlichen Planes zur Verfügung zu stellen – für einen jeden von uns – und für die gesamte Menschheit.

Um als Lichtträger in der Kommission mitzuwirken, brauchst du keine Beiträge zu zahlen. Es gibt weder eine organisierte Struktur noch eine Mitgliederversammlung. Am 31. Dezember 1986 jedoch (dann zum ersten Mal und dann am Ende eines jeden Monats) werden sich die Männer und Frauen der Liebe und des Lichtes in der ganzen Welt gedanklich versammeln und in einer konzertierten Aktion – zu einer festgelegten Zeit – soviel Liebe, Licht und spirituelle Energie in das kollektive Bewußtsein freisetzen, daß der hypnotische Zauber gebrochen wird – wie im Frühling ein gefrorener See aufbricht. Und dann erleben wir den wirklichen Beginn des Neuen Zeitalters!

Und warum nun am 31. Dezember 1986 zum ersten Mal? Uns wurde gesagt (diese Mitteilungen kommen aus unserem Innern und durch unsere Mitarbeiter in der physischen Welt), daß 1987 das Jahr der *kritischen Masse* sein wird. In der bisherigen Evolution blieb die Masse der dunklen Energie des kollektiven Bewußtseins noch unterhalb des kritischen Punktes, da die Kettenreaktion der negativen Auswirkungen sich nicht fortsetzen konnte. Die zu bestimmten geschichtlichen Zeiten intensiven Gebete, wie zum Beispiel während der langen und blutigen Religionskriege um 1500, der Großen Pest im

17. Jahrhundert, des Bürgerkrieges, der zwei Weltkriege, der weltweiten Depression – zusammen mit dem beim Erscheinen spiritueller Meister freigesetzten Licht – durchdrangen die Dunkelheit. Dadurch wurde die Kette unterbrochen und die kritische Masse verhindert. Doch die Mehrzahl der Menschen auf diesem Planeten ersetzte das Gebet entweder durch Widerstand oder Hoffnungslosigkeit. Dadurch wurde das Energiefeld der negativen Masse stark genährt. Und je schneller die Dichte des Kraftfeldes sich verstärkt, desto schneller ist der Punkt erreicht, an dem mehr Dunkelheit als Licht herrscht, das positive Gleichgewicht gestört ist und die negative Kettenreaktion den kritischen Punkt erreicht – und diese Situation wird für 1987 vorausgesagt.

Unser Ziel ist klar. Warum kehren wir die Polarität dieses Kraftfeldes nicht um und erreichen eine kritische Masse positiver Energie? Warum stellen wir keine positive Kettenreaktion sicher, die in uns, um uns herum und auf dem gesamten Planeten Gutes bewirkt? Es ist möglich – und so wird es geschehen. Wir *werden* eine kritische Masse spirituellen Bewußtseins erreichen, um das Gefühl des Getrenntseins zu heilen und die Menschheit zur Gotteskindschaft zurückzuführen. In den Laboratorien hat man bereits bewiesen, daß wir es *schaffen* können. Eine der wichtigsten Universitäten an der Westküste ging von einer Zahl von 50 Millionen Menschen mit einem spirituellen Bewußtsein aus, wie es in »The Superbeings« (Die Gottesmenschen) beschrieben wurde, und berechnete mit Computern den Strahlungsbereich spiritueller Energien. Man kam zu dem folgenden Ergebnis: Wenn alle diese Männer und Frauen gleichzeitig meditieren und ihre Energien in das magnetische Feld der Erde freigeben, dann wird die Schwingung des gesamten Planeten sich zu ändern beginnen.

Und wenn es keine massiven und ernsthaften Gegenkräfte gibt, die die Wirkung aufheben, dann könnten Krisen, Kriminalität, Armut, Hunger, Krankheit und andere Probleme der Menschheit ausgelöscht werden. Erinnern wir uns daran: Diese Vorhersage stammt von Wissenschaftlern aufgrund von Labormessungen, Analysen und Computerberechnungen.

Damit wir die kritische Masse spirituellen Bewußtseins erreichen, ist es unser Ziel, bis zum Dezember 1986 500 Millionen Menschen auf der Erde zu finden, die nur EINVERSTANDEN zu sein brauchen mit der Heilung dieses Planeten und der Regentschaft spiritueller Liebe und Licht in dieser Welt. Von diesen 500 Millionen Menschen sollten wenigstens 50 Millionen am 31. Dezember 1986 (zum ersten Mal und dann am Ende eines jeden Monats) gleichzeitig meditieren. Wir meinen, daß dieser größere Kreis als Gremium der planetarischen Kommission mit ungefähr zehn Prozent der Weltbevölkerung nicht nur die negative Energie unterhalb der kritischen Masse halten kann, sondern es darüber hinaus auch schafft, die äußerst dunklen Ecken aufzubrechen – und somit das kollektive Bewußtsein für den intensiven Einstrom des Lichtes am letzten Tag des Jahres 1986 vorzubereiten.

Was geschieht, wenn wir die kritische Masse nicht aufbrechen und die negative Kettenreaktion weiter abläuft? Nun, das bedeutet durchaus nicht, daß wir alle in einer Rauchwolke verschwinden – doch es bedeutet, daß, wenn es erst einmal begonnen hat, die negativen Ereignisse und Verhältnisse auf dem Planeten sich verstärken und schneller und schneller ausweiten. Die Kümmernisse, die sich in der Vergangenheit über einen bestimmten Zeitraum erstreckten, doch zwischendurch immer wieder Zeit zur Erholung ließen, werden sich aneinanderreihen und einen Dominoeffekt haben – wobei eine Situation die nächste auslöst, also eine Serie von Ursachen und Wirkungen.

Das Endergebnis? Ich weiß es nicht. Dafür weiß ich aber, daß eine sehr kritische Zeit auf uns zukommt, und ich möchte alles in meinen Kräften Stehende tun, um diese Gelegenheit zu nutzen. Wir *können* das Königreich zu uns kommen lassen... wir *können* den Willen Gottes auf Erden wie im Himmel geschehen lassen... damit ist gemeint, daß diese Welt in einen Himmel verwandelt werden kann – in diesem Augenblick – in den jetzt vor uns liegenden Jahren. Das ist keine Utopie, auch keine wissenschaftliche oder religiöse Fiktion. Es ist vielmehr das wichtigste Ereignis im Leben eines jeden Menschen.

Am 1. Januar 1984 begannen wir damit, die Namen der Menschen zu sammeln, die den Wunsch verspürten und die Verpflichtung übernehmen wollten, Teil dieser Heilungsgruppe zu sein. Da diese

Liste für keinen anderen Zweck gedacht ist und auch niemandem zugänglich gemacht wird, brauchen wir keine Anschriften. Wir möchten nur den Namen und das Land des Teilnehmers wissen, denn jeder Name repräsentiert ein individuelles Bewußtsein, ein individualisiertes Energiefeld, und weil ein Teil dieser Energie auf immer mit dem Namen verbunden bleibt, kannst du dir vielleicht vorstellen, welche spirituelle Schwingung von den Namen der 500 Millionen Lichtträger ausgeht? Wenn man da nicht von einem mächtigen Leuchtfeuer sprechen kann!

Die Zeit für die weltweite Heilmeditation wurde auf den 31. Dezember 1986, 13.00 h (12.00 Uhr Greenwich-Zeit) festgelegt. Damit sind alle Zeitzonen der Welt während des Zeitraums von 24 Stunden abgedeckt. (Zeitzonentabelle und Heilmeditation findest du im Anhang.) Wir erwarten keine Massenversammlungen an bestimmten Orten. Wir bitten dich vielmehr, dich entweder mit anderen Lichtträgern deiner Gemeinschaft zu treffen, dich mit Familienmitgliedern zusammenzusetzen oder ganz einfach alleine in deiner bevorzugten Haltung zu meditieren. Verbringe wenigstens eine Stunde in der Heilmeditation – und halte dann für den Rest des Tages ein friedvolles, frohes und liebendes Bewußtsein – die Christusschwingung – aufrecht.

Zwischen heute und Dezember 1986 muß noch viel getan werden. Der Zeitraum bis 1987 ist eine Zeit der *Vorbereitung*. Von 1987 an beginnen wir mit einem dreiteiligen Programm. 1. Aufbau (Konstruktion), 2. Konsolidierung und 3. Einführung (Inauguration).

Bedenken wir, daß *Konstruktion* (Aufbau) aus dem Lateinischen kommt und *Zusammenbau* bedeutet. Du solltest also daran denken, daß die massive spirituelle Behandlung des kollektiven Bewußtseins am Heilungstag uns nicht automatisch hochhebt und mitten im Garten Eden wieder absetzt. Wir haben auch weiterhin unseren freien Willen, und es herrscht auch in Zukunft das Gesetz der Anziehung, d. h. gleich und gleich gesellt sich gern. Damit ist gemeint, daß, obwohl die Sucher und Lichtträger ein gemeinsames Band als Teilnehmer der Sondereinheit des »Guten Willens« haben werden, es andere geben mag, die sich auch weiterhin weigern, weil sie von der Illusion rein persönlicher Interessen ausgehen. Daher ist es die bleibende Aufgabe der Kommission, der neuen Welt des Friedens, der Vollkommenheit und der spirituellen Erleuchtung zum Durchbruch zu verhelfen und den Geist liebevoller Kooperation zwischen *allen* Menschen zu entwickeln, damit jeder zum gemeinsamen Guten für alle beiträgt. Im wesentlichen geht es also in der Aufbauphase darum, Illusion durch Wirklichkeit und Konkurrenzdenken durch Kooperation zu ersetzen und dadurch wirkliche Einheit und das Konzept wahrer Synthese zu schaffen.

Während der *Konsolidierungs*phase liegt die Betonung auf der Stärkung des Bandes der göttlichen Liebe, das in der Aufbauphase begann. Während dieser Zeit werden die Menschen das, was als »Zweites Kommen« bezeichnet wird, in bisher nie erfahrenem Maße empfinden und erwarten.

Es ist wohl offensichtlich, was mit der dritten Phase gemeint ist. Interessant ist, daß *Inauguration* (Einführung) im Lateinischen »Segnung eines Ortes oder einer offiziellen Persönlichkeit« bedeutet. Heißt das nun, daß Jesus selbst zurückkehrt und zu diesem Zeitpunkt die Herrschaft als Herr der Welt in physischer Form antritt? Oder ist damit die »Externalisierung« der Hierarchie spiritueller Meister gemeint? Oder bedeutet es, daß dieses Gefühl des Getrenntseins geheilt wird und jeder von uns in vollem Umfang zum Bewußtsein seines wahren Wesens erwacht – daß das Hohe Selbst eines jeden Menschen der Christus *ist?* Vielleicht geschehen all diese Dinge und wir machen alle Erfahrungen – zu unterschiedlichen Zeiten.

Dr. Jay Franssen, Präsident der Omega-Stiftung, sagt: »Die gesamte Menschheit ist von der Vorstellung der Evolution angesteckt, und obwohl Menschen mit unterschiedlichem Hintergrund die Ereignisse unterschiedlich interpretieren, so bleibt doch ein wachsendes Gefühl eines bevorstehenden »irgend etwas«, das über die Menschen hereinbrechen wird. Von überall her – von den religiösen Fundamentalisten bis zu den Science-fiction-Anhängern mit extraterralistischen Kriegen der Sterne und Sternen-Trecks ... bis zu den fortschrittlichen Denkern der Evolution ... gibt es die ernsthafte Erwartung, daß ein »Kontakt« mit einer höheren Seinsdimension erfolgt. Die Astrologen, Seher und die Wahrsager haben sich durch okkulte Praktiken inbrünstig darauf vorbereitet, Einsicht in dieses große Mysterium zu erhalten, während die fundamentaleren und traditionelleren Religionsschüler subtilere und konservativere Methoden suchten, durch die und mit denen sie die gleichen Informationen erhalten würden. Die Bibel (DAS Buch aller Bücher) selbst scheint eine Vielzahl sowohl dynamischer als auch subtiler Hinweise zu enthalten, die den Menschen ermahnen, SICH SELBST VORZUBEREITEN auf die großen Ereignisse der letzten Tage, die sich zweifellos auf den nächsten großen Quantensprung im evolutionären Plan der Dinge auf kosmischer Ebene beziehen.

»Für den, der alles wörtlich nimmt, wird Christus im Körper und der Person Jesus wiederkehren, während aus metaphysischer (spiritueller) Sicht die Rückkehr des Christus als ein neues ENERGIEFELD beschrieben werden kann, das das menschliche Bewußtsein befruchtet, und bewirkt, daß der Mensch sich als individualisiertes Christusbewußtsein erkennt. Aus wissenschaftlicher und evolutionärer Sicht könnte das »Zweite Kommen« verkündet werden durch entwickelte Wesen, die über das planetarische Milieu hinausgewachsen sind.«

Wir müssen begreifen, daß die Inaugurationsphase einen völlig neuen Evolutionszyklus der Menschheit einleitet. Es wird ein Zeitraum wahren Friedens auf Erden und des aufrichtigen guten Willens gegenüber allen Menschen auf dem ganzen Erdkreis sein.

Wirst du dieser planetarischen Kommission angehören? Wenn deine Antwort »Ja« ist, dann hat die Heilung begonnen – und sie hat mit dir angefangen!

Das als Anhang beigefügte Formular weist dich als Mitglied der planetarischen Kommission aus. Bitte trenne es heraus, unterschreibe es und schicke eine Ausfertigung sobald wie möglich an The Quartus Foundation. Beginne gleich heute damit, das Christusbewußtsein, das du in Wahrheit bist, in die Welt hineinzustrahlen. Öffne dein Herz und verströme göttliche Liebe an alle Menschen, verwandle jede negative Situation, mit der du in irgendeiner Weise in Berührung kommst. Vergib allen, auch dir selbst... vergib der Vergangenheit und schließe hinter ihr die Tür. Fülle dein Herz mit Frieden, dein Gemüt mit der Erwartung des Sieges, laß deine Lippen nur Worte der Freude sprechen. Wende dich nach innen und finde und erkenne dort die einzige Gegenwart, die einzige Macht, die einzige Ursache, die einzige Tätigkeit deines ewigen Lebens. Sei ein Kanal, durch den sich dein segensreiches Selbst ganz zum Ausdruck bringen kann.

Stelle am 31. Dezember 1986 eine geistige Verbindung her zu den Millionen Menschen in der ganzen Welt durch die Heilungsmeditation. Sei nicht nur Zuschauer dieses historischen Ereignisses. Vielleicht ist es gerade dein Licht, das den Ausschlag gibt und hilft, die kritische Masse zugunsten der Spiritualität zu erhellen.

Die Rettung der Welt hängt *wirklich von dir ab!*

2. KAPITEL

Das Zusammenkommen der Kommission

Als über die Idee der planetarischen Kommission zum ersten Mal öffentlich berichtet wurde, meinte jemand, wenn die »Neugeist«-Leute die einzigen wären, die hierbei mitmachen würden, dann bekämen wir wohl niemals die 500 Millionen Teilnehmer zusammen. Ich stimmte dieser Meinung nicht zu, denn aufgrund unserer Meditation und der uns zugegangenen Hinweise schätzen wir, daß mehr als eine halbe Milliarde Gläubige auf dem Planeten leben, die schon jetzt in den verschiedensten religiösen Gruppen tätig sind – und daß der Gedanke des »Neugeists« sich viel schneller verbreitet als irgendeine andere spirituelle Lehre.

In dieser Bewegung »versammeln« sich im wesentlichen die Wahrheitssucher und Wegbereiter aus allen Fäden der Goldenen Schnur (metaphysischer Faktor aller Religionen) – diesmal sind sie alle zu einem gemeinsamen Ziel vereint. Seit Beginn des letzten Jahrhunderts haben sich mehr und mehr »alte« Seelen wiederverkörpert, und Millionen von ihnen sind nach strategischen Gesichtspunkten über die ganze Erde verteilt und bereit zu einer neuen spirituellen Offensive.

Nach Aussage der Internationalen Neugeist Bewegung (International New Thought Alliance I. N. T. A.) wurde die Bezeichnung »Neugeist« für eine metaphysische Bewegung gewählt, die mit P. P. Quimby vor mehr als einem Jahrhundert begann. Die Bedeutung dieses Wortes in diesem Zusammenhang wurde von Richter Thomas Troward geprägt, der einer der großen Führer dieser Bewegung war. Es beruht auf dem Gesetz schöpferischen Denkens oder des Geistes und bezieht sich auf die Tatsache, daß ein neuer Gedanke im Bewußtsein auch neue Verhältnisse gestaltet.

EIN NEUER, IM BEWUSSTSEIN AUFGENOMMENER GEDANKE BRINGT NEUE VERHÄLTNISSE HERVOR! Als ich eines Tages über diese Aussage nachdachte, spürte ich einen starken Drang, in diesem Kapitel noch einmal »an den Anfang« zurückzukehren. Und ich glaube, ich sollte damit zeigen, daß die Lichtträger dieser Welt »neue Gedanken« verbreitet haben, länger als Geschichtsschreibung zurückgeht – um damit *neue Bedingungen* in der Welt zu schaffen!

Zu den Aktivisten der Neugeist-Bewegung gehören heute die spirituellen Wesen, die bereits die ersten Bewohner dieses Planeten von der Knechtschaft menschlichen Denkens zu befreien suchten. Sie waren es auch, die in das kollektive Bewußtsein die Offenbarungen einbrachten, die dann zur Gründung des Hinduismus und Judaismus führten. Viele von ihnen waren die Boten, die die Lehre von Lao-tse, Zarathustra, Buddha, Konfuzius, Jesus und Mohammed verbreiteten. Sie gehörten außerdem zu denen, die die Transzendentale Bewegung während der ersten Hälfte des 19. Jahrhunderts stark beeinflußten.

Fühlst du nicht intuitiv, daß DU Teil der Sondereinheit des »Guten Willens« bist? Wehre nicht ab, nur weil du gerade Herausforderungen zu bestehen hast. Wenn du »Lehrer« bist – welchen Nutzen hätten deine Worte für andere, könntest du nicht durch dein eigenes Beispiel zeigen, wie man Probleme löst – durch dein Beispiel, daß man das Problem als Täuschung erkennt und es überwindet, indem man die dahinterliegende Wirklichkeit sieht? Viele der niedrigeren Avatare, die vom spirituellen Bereich auf die dreidimensionale Ebene herabgestiegen sind, haben die Wahl getroffen, auf der irdischen Ebene diese Rolle zu spielen, und dadurch schließlich besser dienen zu können. Während ihres Daseins ist ihre Erinnerung getrübt – verschlossen, bis sie die Herausforderungen gemeistert haben und ihre wahre Identität wieder erkennen dürfen.

Wenn du ein »Schüler« bist, hast du vielleicht den größten Teil deines Lebens auf der »dunklen Seite der Straße« gelebt und die Lektionen gelernt, die dem Erwachungsprozeß vorangingen. Doch ja – auch du warst Teil dieser glorreichen Vergangenheit. Deine Reisen haben dich aber noch tiefer in ferne Länder geführt, und die Auswirkungen deines Denkens, deiner Worte und Taten – die aus dem Gefühl des Getrenntseins von deinem geistigen Selbst entstanden – schufen das karmische Rad für deine Reise durch die Äonen. Doch in den tiefsten Tiefen deines Gemütes erinnerst du dich der Wahrheit deines Seins. Das Neugeist-Denken des neuen Zeitalters ist dir nicht fremd, und du fühlst dich auf wundervolle Weise verbunden mit der Gruppe derer, die der Welt dienen und den Planeten mit einem Band von Licht und Liebe umgeben. Eines Tages wirst du ganz erwacht sein und erkennen, wer du wirklich bist. Doch bis dahin reicht es zu wissen, daß du zu einem bestimmten Zweck und in einer besonderen Mission auf diesem Planeten bist.

Bedenke bitte bei unserer Reise in die Vergangenheit, daß wir sehr viel Zeit brauchen würden, um sowohl die vorhistorische als auch die historische Geschichte zu betrachten. In diesem relativ kurzen Kapitel habe ich jedoch versucht, an den »Anfang« zurückzugehen, damit klar wird, was es mit dem Sündenfall der Menschen auf sich hatte. Dann folgen wir den nicht zählbaren Jahren der Bewußtseinsentwicklung, um zu zeigen, wie immer wieder Neugeist ausgesät wurde. Dabei habe ich jedoch so viele geschichtliche Ereignisse überschlagen und so viele Namen nicht erwähnt, daß die Historiker über die großen Sprünge in den Zeiträumen unserer Zivilisation nur staunen und die Metaphysiker sich über die vielen fehlenden Namen wundern. Doch diese kurze Zusammenfassung zeigt, daß wir als vollkommene Wesen des Lichtes aus dem Geist Gottes geschaffen wurden, wie wir uns selbst geschadet und den göttlichen Spielplatz mit Abfällen überschüttet haben, warum wir seither ständig dafür bezahlen und welche Rolle die Lichtträger im Erwachungsprozeß spielen.

Trotz all unserer Fehltritte war Gott immer zur Vergebung bereit, doch aufgrund unseres »Traumlebens« fanden wir es fast unmöglich, uns selbst zu verzeihen, und so befinden wir uns auf einem gigantischen Schuldtrip, seitdem auf der dreidimensionalen Ebene unser Konzept der »Zeit« begann. Glücklicherweise nähert sich diese Ära des Alptraums jetzt sehr schnell dem Ende zu, und bald, sehr bald schon, werden wir das Kommen einer Rasse sehen, »die frei ist von

Trauer«. Es wird ein Zeitalter des Glaubens und der Gerechtigkeit, der Wahrheit, der Liebe und der Freiheit sein.

Der Anfang

Die Schriften lehren uns, daß Gott die Welt nach seiner »Vorstellung« schuf – das Universum, das trockene Land und die darauf lebenden Tiere, und Gott erkannte, daß alles GUT war. Gott schaute Sein unendliches Wesen an und sah Sich Selbst. Er sah ein wunderschönes Abbild, die Summe allen Seins, die Vollkommenheit Seiner Ideen, empfangen in Liebe. Die aus dem Geist geborene Abbildung wurde der Sohn, die vollkommene Vorstellung des Menschen, und der Vater-Mutter-Geist liebte den Sohn so sehr, daß Ihm alles gegeben wurde – die Fülle Gott-Vaters war in Seinem Abbild enthalten. Und der Sohn wurde Sich Seiner Selbst bewußt als der Geist Gottes, denn der Denkende und der Gedanke sind eins. Und Gott sah alles, was er gemacht hatte, und *alles war sehr gut*, und Gottes Werk war getan; doch das weite Universum war formlos, und der Mensch war noch keine lebendige Seele.

Der Sohn, allgegenwärtiger Geist Gottes, wurde das erste Prinzip, das immer-lebende männliche und weibliche Prinzip. Er, der auf ewig ist. Er ist, Er war, Er wird auf ewig die Kraft sein, die immer ICH ist. ICH BIN DER ICH BIN. Er ist Jehova, der aus dem brennenden Dornbusch zu Moses sprach, der Christus, der sich durch Jesus kundtat, der aus Sich Selbst Bestehende. Er ist und war das Hohe Selbst eines jeden Menschen durch alle Zeit hindurch.

In der Stille des Friedens und der Wärme der Liebe empfing Jehova Gott, der Christus Gottes, damit ist das wahre Wesen Gottes gemeint, aus Sich Selbst und in Sich Selbst das Bild *deines* Wesens als lebendige Seele. Er sah Sich, wie Er Sich durch dich ausdrückt, denn die Schöpfung muß fortgeführt werden, wie am Anfang. Er sah Sich Selbst als Leben, Liebe und Weisheit. Jeder Gedanke ist Licht, und mit jedem Gedanken leuchtete das Licht des Ausdrucks stärker. Da brachte Er ein Vorbild dieses Lichtes in Sich Selbst hervor, und diesem vollkommenen Vorbild Seines Selbst im Ausdruck wurde Schönheit und Verständnis hinzugefügt. Und das Vorbild leuchtete heller. Er sah Glauben, Vorstellungskraft, Begeisterung, Stärke, Freude, Autorität. Und das Vorbild leuchtete heller. Er sah Willen und Freiheit. Da begann das Licht zu pulsieren, zu klopfen. Und all Seine Gedanken über Sich Selbst als Ausdruck verschmolzen in der schöpferischen Substanz Seines Seins zu einer Einheit. Da Er sich ganz auf dich als Ausdruck Seines Seins konzentrierte, änderte sich die Schwingung Seines universalen Energiefeldes zum Zeitpunkt der göttlichen Kontemplation. In Seinem unendlichen Sein war der als du gedachte Ausdruck vollendet, und so atmete Er den Atem Seines Lebens in dich ein – und du wurdest bewußtes Leben, eine lebendige Seele. Und neben dir gab es noch eine unzählige Zahl von Seelen, Lichtfunken, geformt aus Seinem Denken, jede Seele mit dem Hauch des Lebens.

Du warst dir nur deiner selbst bewußt – du bist ein selbst-bewußtes Wesen – geschaffen nach dem Bild und Wesen des Sohnes, des Christus, des wahren Geistes Gottes ... und du erkennst dich selbst als spirituelles Wesen, als Brennpunkt des unendlichen Geistes. Als Manifestation des Sohnes siehst du dich selbst als manifestiertes Christusbewußtsein, und dein Bewußtsein ist von dem Wissen des Christus erfüllt. Das ist das Wesen und der Sinn deiner Seele, denn du bist Gott der Herr, der Sich durch dich zum Ausdruck bringt.

Und durch das allgegenwärtige Energiefeld des lebendigen Ausdrucks bringt der Geist Gottes in strahlender Lichtform alles hervor, was seit Anbeginn in Ihm vorhanden war. Du lebst in einem spirituellen Körper im Garten Eden, der das reine spirituelle Bewußtsein symbolisiert, und du bist eins mit aller Schöpfung.

Das Erscheinen der Materie

Wenngleich es keine »Zeit«-Vorstellung gab, so wie wir sie heute kennen, zeigt eine Betrachtung der kosmischen Vorgänge, daß Energieformen in der Schwingung herabgesetzt wurden und sich dadurch das bildete, was wir als »Materie« bezeichnen. Dazu gehörten das trockene Land, die Meere, die Fische des Meeres, die Tiere des Feldes und das Getier der Lüfte – überall im Universum. Doch du selbst warst nicht Teil dieser ersten Materialisation, und viele Äonen lang bliebst du in deinem Lichtkörper reiner Energie als freudiger Ausdruck des Geistes. Doch dann gab es Seelen, die sich für die materielle Ebene interessierten.

Einige der Lichtwesen zogen dann auf Planeten der vielen Sonnensysteme und mischten sich dort unter die biologischen Arten, die sich entwickelten, seit die Schöpfungszyklen begannen. Da sie auf der physischen Ebene leben und Erfahrungen sammeln wollten, projizierten sich viele dieser Seelen in die höherentwickelten tierischen Arten und beschleunigten dadurch die biologische Evolution sehr. Und während sie von der physischen Ebene Besitz ergriffen, bat der Geist Gottes sie nur um eines ... daß die Seelen nur das ausdrücken oder in die Manifestation bringen sollten, was göttlichen Vorstellungen entspräche, nämlich die engelhaften Gedanken und Abbilder Seines Wortes. Doch sie befolgten Seinen Rat nicht; sie hörten nicht auf das göttliche Selbst in ihrem Innern, und mit ihrem freien Willen begannen sie nach ihren eigenen Vorstellungen mit der Schöpfung zu experimentieren. Der Abstieg in die Traumwelt hatte begonnen! Der Geist hatte die Seelen gebeten, mit Seinem Wissen zufrieden zu sein und nur Seine Gedanken zu denken, um die Reinheit der Schöpfung hervorzubringen. Doch die Natur des fühlenden Gemütes (das denkende und fühlende Gemüt hatte sich durch Verbindung mit anderen Lebensformen entwickelt) sprach zwar die Wahrheit, daß die Seele wie ein Gott sei, schuf jedoch die Versuchung, die Gott-Kraft zur Erschaffung auch anderer als nur göttlicher Vorstellungsbilder einzusetzen.

Die Seelen hegten in ihren denkenden und fühlenden Gemütern Konzepte, die zu Gedankenformen wurden und sich materialisierten, somit also sichtbar wurden. Und mit jeder weiteren Materialisierung entwickelte sich ein Gewahrsein der Materialität. Nach einer Weile identifizierten sie sich mit ihren Körpern und ihren Schöpfungen dieser Welt, und das spirituelle Bewußtsein, die wahre Natur der Seele, begann zu verblassen.

Ihre Schöpfungen dienten nun selbstsüchtigen Zwecken. Die Konkurrenz war geboren. Dann die Zerstörung. Dann der Schutz vor der Zerstörung. Die Welt begann dieses Bewußtsein widerzuspiegeln. Die Pflanzen bekamen Dornen, Nadeln, die Insekten Stacheln, die Reptilien brachten Gift hervor. Die Selbsterhaltung wurde zum wichtigsten Instinkt von Tier und Mensch. Dann begann der Kampf, und das Konzept des Todes wurde geboren, wenngleich dies nie im göttlichen Plan vorgesehen war. Der Gott-Mensch war ein »hu-man« geworden ... ein Tiermensch.

Das spirituelle Bewußtsein, das Wissen um die Christus-Gegenwart im Innern, war nun durch ein neu entwickeltes persönliches Ego dieser Seelen eingeschlossen. Eingesperrt und vergessen. Doch selbst hinter der Wand des Sinnenbewußtseins war das spirituelle Ego, das wahre Wesen der Seele, weiter tätig, nahm vom Geist kommende Gedanken auf und sandte Bilder der wahren Größe und der Erhabenheit eines jeden Wesens aus. Doch dies wurde nicht verstanden, vielmehr wurden die körperlichen Sinne weiterentwickelt. Und so setzte sich der Abstieg in die Traumwelt tiefer und tiefer fort.

Die Seelen, die im spirituellen Bereich geblieben waren und nun sahen, was mit den anderen Seelen geschah, kamen auf die materielle Ebene, um ihre Brüder aus dem sterblichen Schlaf aufzuwecken, in den sie gefallen waren. Obwohl unsichtbar, bewegten sie sich doch als spirituelle Boten und Lichtengel unter den Menschen und suchten ihre Denkweise zu beeinflussen. Einige erkannten das Licht und lösten sich aus den Fesseln, doch die meisten vermochten das nicht. Sie waren gefangen in einem Bewußtsein engelhafter und animalischer Energien und einem Körper, der eine Mischung aus beidem war.

Die erste Mission der Lichtträger in physischer Form

Bei Betrachtung dieser Situation aus kosmischer Sicht mußte etwas getan werden. So kam eine mächtige Welle von Lichtträgern, die in die Zehntausende ging, auf die Erde herab, in einem physischen Körper, der der körperlichen Vorstellung entsprach, die ihre Seele vom Geist empfangen hatte. Sie bewegten sich unter denen, die wir als Neandertaler kennen – und später Cromagnons (Cromagnon, Teil der frz. Gemeinde Les Ezies-de-Tayac [Dordogne]. In einer Höhle wurden 1868 fünf jungpaläolith., dem Aurignacien zuzurechnende Homo-sapiens-Skelette gefunden.) – um das Bewußtsein zu erwecken, das in den Tiermenschen eingeschlossen war. Sie schufen das, was wir heute als Religion bezeichnen, mit Symbolen und Riten, die allen helfen sollten, den Zauber zu brechen. Einige der Lichtträger wurden Priester und bauten Tempel mit Bildern, Musik und Dramen, die die Imagination rühren sollten. Doch das Beste, was man über all ihre Anstrengungen sagen konnte, war, daß dadurch die mentale, emotionelle und physische Evolution stimuliert wurde, was sich in einer sehr hohen Geburtenrate zeigte. Der Tod war nun ein Teil dieses Traumzustands, und so kam auch das physische Gegenstück – die Geburt – ins Dasein. Das bedeutete: Mehr und mehr Seelen durchliefen die Energiemutation und nahmen Formen an, die ursprünglich für diesen Planeten nicht vorgesehen waren. Und durch die Verbindung zur dreidimensionalen Ebene wurde im Magnetfeld der Erde ein eigenartiges Rassendenken (kollektives Bewußtsein) gebildet.

Dem Gesetz der Anziehung entsprechend fanden sich die Lichtträger in Gruppen zusammen und schufen ihre eigenen Zivilisationsformen – mit Technologie, Kultur und Gesellschaftsformen, die sehr viel höher entwickelt und feiner waren als das, was wir heute kennen. Später jedoch vermischten sie sich mit dem primitiven Menschen, was aus dem 6. Kapitel der Genesis ersichtlich ist: »Als aber die Menschen sich zu mehren begannen auf Erden und ihnen Töchter geboren wurden, da sahen die Gottessöhne, wie schön die Töchter der Menschen waren, und nahmen sie zu Frauen, welche sie wollten.«

Der faszinierende Aspekt dieses Berichtes liegt in der Tatsache, daß bis zu dieser Stelle die »Söhne Gottes« in der Bibel nicht erwähnt wurden – offensichtlich wird hier also auf eine andere Rasse Menschen Bezug genommen. In Vers 6:4 der Genesis heißt es: »Zu der Zeit und auch später noch, als die *Gottessöhne* zu den Töchtern der Menschen eingingen und sie ihnen Kinder gebaren, wurden daraus die Riesen auf Erden. Das sind die Helden der Vorzeit, die hochberühmten.«

Diese Inzucht setzte sich noch Tausende von Jahren fort. Das

Bewußtsein der Lichtträger sank tiefer in die Dichte der Materialität hinab, und das kollektive Bewußtsein des Planeten reflektierte die Dunkelheit des Abstiegs und bewegte sich schnell auf die kritische Masse zu. Vor der endgültigen Katastrophe – die durch den Zerfall geistiger Werte und den Mißbrauch ihrer Macht hervorgerufen wurden – flohen viele in andere Teile der Welt, wo ihr überragendes Wissen bleibende Eindrücke hinterließ. Zeugnisse dieser Auswanderung zeigten sich in Nordspanien, Ägypten, Griechenland, Zentral- und Südamerika. Die Legenden dieser historischen Zivilisationen sprechen von »Göttern«, die die Geheimnisse der Himmel und der Erde lehrten.

Während der nächsten 7500 Jahre erlebten wir die Große Flut, das prädynastische Zeitalter, das Zeitalter der Pyramiden in Ägypten, die Zivilisationen der Sumerer und Semiten, die erste Dynastie von Ur und die zahllosen Invasionen, Kriege und Siege. Und es war zu dieser Zeit, daß die Spuren der früheren Lichtträger, der »Riesen« auf der Erde, verlorengingen. Der Grund: Die Hinterbliebenen dieser überlegenen Zivilisationen kehrten auf die höheren Ebenen zurück, um sich dort mit ihren Brüdern zu verbinden und das Erlernte zu überdenken. Zu gegebener Zeit würden sie wieder als große Lehrer auf die Erde kommen.

Die Lehrer

Das nächste Wirken aus dem geistigen Bereich wird für das Jahr 2500 vor Christus *verzeichnet*, als die Veda, die historischen Schriften empfangen wurden, die heute als Hindu-Religion bekannt sind. Man spricht von der Veda als Offenbarung, für die kein Sterblicher verantwortlich zeichnet. Aus diesen Offenbarungen stammen die vier Vedas, die Upanishaden, die Bhagavad-Gita und andere heilige Schriften. Die Hauptmerkmale der Lehre: Gott (Brahman) ist der höchste Geist, das eine absolute, unendliche, ewige, unbeschreibliche Sein – und der Ausdruck oder die Manifestation seines Seins ist der Geist des Menschen oder das Selbst (Atman), das eins ist mit dem höchsten

Geist. In der Hindu-Dreieinigkeit ist Vishnu der Gott der Liebe, und Krishna wird von den Hindus als eine Inkarnation Vishnus angesehen. In der Bhagavad-Gita sagt Krishna: »Stets wenn Verbrechen sich erhebt und Frömmigkeit zu wanken droht, erschaffe ich mich selbst erneut durch meines Willens Machtgebot. Ich schütze den, der tugendhaft, vernichte aller Bösen Brut, in jedem Weltenalter neu begründe ich, was recht und gut«, und er sagt auch, daß, wer immer Ihn mit aufrichtigem Herzen sucht, Ihn sicherlich findet – in seinem eigenen inneren Selbst.

In diesen alten Werken finden wir den Beginn der immer wiederkehrenden Philosophie in schriftlicher Form. Es ist wahr, das alte Wissen führt in eine uns unbekannte Zeit zurück, in die Zeit vor den ersten geschichtlichen Aufzeichnungen. Doch die ersten bekannten *aufgezeichneten* spirituellen Lehren sind die der Hindu-Schriften, der wichtigsten Religion Indiens. Dies war der erste Faden der Goldenen Schnur, die alle Religionen im Geiste verbindet. Wie Aldous Huxley es ausdrückte: »... zum Glück gibt es in allen Religionen den höchsten gemeinsamen Faktor, die immer wiederkehrende Philosophie, die überall und zu allen Zeiten die metaphysische Lehre der Propheten, Heiligen und Weisen gewesen ist.«

Während der Hinduismus sich in dem Teil der Welt ausbreitete, der heute als Indien bekannt ist, wurde ein Patriarch namens Abraham inspiriert, an den Einen Gott zu glauben und Ihm zu vertrauen, einem Gott der Gerechtigkeit und Güte, dem wichtigsten Merkmal des Judaismus. Und in der Geschichte der Hebräer ist Abraham nicht nur der erste Jude, sondern auch der »Vater vieler Nationen«. Vom Judaismus ging unter Moses im Jahre 1200 vor Christus ein großer Impuls aus. Er führte die Hebräer aus Ägypten und in die Freiheit der Wüste, wo ihm die Zehn Gebote und das umfangreiche Mosaische Gesetz gegeben wurde. Und als Moses im Lande Moab starb, übernahm es Joshua, die Reise nach Kanaan zu beenden.

Doch selbst nach dem Advent des Hinduismus und Judaismus erlebte die Welt weiterhin zerstörerische Kriege, den Zerfall von Weltmächten, Armut, Leid, Klassenkämpfe und Korruption unter der herrschenden Klasse. Offensichtlich war mehr Licht notwendig, daher kamen innerhalb eines relativ kurzen Zeitraumes einige der größten Geister auf die irdische Ebene, von denen die Geschichte berichtet: Lao-tse, Zarathustra, Buddha und Konfuzius – alle inkarnierten in einem Zeitraum von 53 Jahren zwischen 604 und 551 vor Christus.

LAO-TSE begründete in China die Taoistische Religion, die ein harmonisches Leben mit der großen unpersönlichen Macht zur Grundlage hat, die das Universum regiert. Das TAO TE CHING, das heilige Buch des Taoismus, lehrt, daß Himmel, Erde und die Menschen geschaffen wurden, um in Harmonie miteinander zu leben, doch der Mensch vom Wege abkam und eine Welt voll Disharmonie schuf. Hier gab es einen weiteren Faden in der Goldenen Schnur der immer wiederkehrenden Philosophie!

ZARATHUSTRA, ein persischer Prophet, der die zoroastrische Religion ins Leben rief, begründete seine Lehre auf dem einen und einzigen Gott – einem göttlichen Wesen guter Gedanken, Schönheit, Heiligkeit, Gerechtigkeit, vollkommener Gesundheit, Herrschaft und Unsterblichkeit. Zarathustra glaubte an die Einheit Gottes und des Menschen und daß Gebete das »Gespräch eines Freundes mit seinem Freund« seien. Ein weiterer Faden in der Goldenen Schnur!

BUDDHA, der Erleuchtete, Titel des Siddhartha Gautama, des religiösen Lehrers der buddhistischen Religion, glaubte an den universalen guten Willen, der aus einem Herzen voll Liebe hervorströmt, das »keinen Zorn und keinen bösen Willen« kennt. Von gleicher Bedeutung war sein Verständnis, daß Mangel, Begrenzung, Krankheit und Tod lediglich ILLUSIONEN sind – die nicht von Gott geschaffen wurden und daher nicht wirklich sind. Sein achtfacher Pfad zur Freiheit umfaßt rechten Glauben, rechtes Streben, rechte Rede, rechte Handlung, rechtes Leben, rechte Mühe, rechte Gedanken und rechte Meditation. Und die Goldene Schnur wurde stärker.

KONFUZIUS wird von den Chinesen als der »erste Lehrer« bezeichnet. Er glaubte an ein höchstes Wesen, doch er legte die Betonung seiner Lehren auf die richtige Beziehung der Menschen zueinander. Er unterstrich die Bedeutung ethischen Denkens, das dem Menschen helfen würde, die vorherbestimmte Harmonie und Gerechtigkeit des

Universums zu erkennen und zu verstehen. Ein weiterer Faden in der Goldenen Schnur!

Es ist interessant, daß so viele der Seelen, die während der vorgeschichtlichen Zeiten auf die Erde kamen, um den Erwachungsvorgang einzuleiten, auch zur Kerngruppe derer gehörten, die den Massen die Lehren dieser Meister als Licht für ein neues Zeitalter brachten.

Der Meister der Liebe trat hervor... die als vollkommene Verkörperung der Liebe bekannte Seele würde nun unter den Menschen wandeln als Beispiel des vollkommenen Christ-Menschen, als Vorbild der wahren und inneren Wirklichkeit eines jeden Menschen. Und durch eine Frau reinen Bewußtseins wurde ein Kind geboren, ein Sohn wurde geschenkt, und sein Name war Jesus. Denen, die ihn annahmen, gab er die Macht, Kinder Gottes zu werden, und sagte ihnen, daß sie ihn in allem gleichen und noch größere Dinge tun würden, als er getan hatte. Einige wagten es zu glauben, und sie wurden seine Jünger. Doch die meisten von ihnen suchten die Dunkelheit mehr als das Licht, so gab er ihnen seinen Körper als weiteren Beweis seiner Macht, IHRER Macht, und kehrte dann zur geistigen Ebene zurück.

Doch nun war die spirituelle Evolution des Menschen nicht mehr aufzuhalten, denn die lebendige Christusflamme würde auf ewig in den Herzen der Menschen brennen, wie für alle Ewigkeit in die Mauern der Zeit die Wahrheit über die Göttlichkeit des Menschen eingeritzt ist. Und als das Feuer des Christentums entzündet war, festigte sich das Band zu einer Kordel, und heute ist das Christentum die am weitesten verbreitete Religion der Welt. Der Wind, der das Feuer des Christus über die Welt trug, wird in nicht geringem Maße den Zehntausenden von Lichtträgern zugesprochen, die sich während der Lebenszeit Jesu und direkt danach erneut inkarnierten.

Die grundlegende Lehre Jesu betonte die Göttlichkeit des Menschen, doch mit heute über 300 »christlichen« Konfessionen – einige beschuldigen andere der Blasphemie – fragen wir uns: »Was wurde eigentlich aus der ursprünglichen Botschaft Jesu? Es scheint, als ob dann eine Institution von *Menschen* organisiert und kontrolliert wurde – wie dies auch geschah mit anderen »Religionen«, die sich aus den Lehren eines Meisters entwickelten – und diese Institution konnte folglich nicht stärker oder besser sein als die Menschen, von denen sie organisiert und kontrolliert wurde!

Von ungefähr 500 bis 1500 nach Christus ging die Welt durch einen tausendjährigen Zeitraum, der als Mittelalter bezeichnet wurde. Das war eine Ära gewaltiger Aufregungen, von Überfällen und Kriegen, die den Bruch zwischen den westlichen und östlichen Kirchen und den Kreuzzügen brachten. Und wieder erschien ein Meisterlicht, um die Dunkelheit zu durchdringen und ein Licht der Hoffnung im kollektiven Bewußtsein zu entzünden. Im frühen 17. Jahrhundert lehrte MOHAMMED den Glauben an einen Gott und das Erreichen des Friedens durch Unterwerfung an den Willen Gottes. Er war der Gründer der islamischen Religion, seine Anhänger wurden als Moslems bezeichnet. Mohammed – der als Prophet Gottes betrachtet wird – verbannte Kriege und Gewalt und vereinte Arabien in einer großen religiösen Bewegung, die sich schließlich über den gesamten Mittleren Osten und nach Nordamerika, Europa und Asien ausbreitete. Ein weiterer Faden war in die Goldene Schnur eingewebt!

Die Revolutionen

Zwischen 1500 und 1815 fanden vier wichtige Begegnungen in der westlichen Welt statt, die wirtschaftliche, religiöse, intellektuelle und politische Revolutionen bewirkten. Zwischen den Nationen wurde Handel eingerichtet, der sich dann weltweit ausdehnte und die Einrichtung neuer wirtschaftlicher Systeme und kolonialer Reiche mit sich brachte. Und kurz nach 1500, nach der protestantischen Reformation, begannen sich verschiedene religiöse Konfessionen zu bilden. Dies waren ursprünglich die Lutherianer, Calvinisten und Anglikaner. Die Welt erlebte gleichzeitig – durch Seelen wie Leonardo da Vinci, Michelangelo, Rembrandt, Voltaire, Rousseau, Bacon, Shakespeare, Milton, Cervantes, Galilei, Paracelsus, Newton und Kopernikus, um nur einige zu nennen – einen wesentlichen Durchbruch in den Künsten, der Literatur und den Wissenschaften. Sie alle trugen zu einem neuen Zeitalter des Verständnisses bei. Und aus den politischen

Revolutionen erwuchsen demokratische Regierungsformen, autokratische Herrscher wurden abgelöst und Republiken errichtet, die dem Wunsch der Menschen nach politischer Unabhängigkeit und Mitverantwortung in ihren Regierungen entsprachen.

Aufgrund dieser vier Revolutionen war die Welt nun bereit zum Eintritt in das Zeitalter spiritueller Erleuchtung, und die Sondereinheit der Weisen der Welt kam wieder auf die Erde. Sie konzentrierten sich zunächst auf Neuengland in Amerika, wo sie zunächst als »Transzendentalisten« und später als die Lichtträger in der Neugeist-Bewegung bekannt wurden.

Die neuen Wegweiser

Der Transzendentalismus, der im frühen 19. Jahrhundert seinen Anfang nahm, war eine religiöse Philosophie, die die Intuition entwikkeln wollte, um eine direkte Beziehung zwischen der Seele und Gott herzustellen... die Sinne zu »transzendieren« (auch die Kirchen und die organisierten Religionen) und die göttliche Wirklichkeit unmittelbar zu erfahren. Die Transzendentalisten vertraten die Meinung, daß die Kirchen nur den Geist institutionalisierten und daß alle Menschen spirituell gleich sind, weil jedes Einzelwesen fähig ist, Kontakt mit Gott aufzunehmen – jede Person besitzt die intuitive Fähigkeit, die letztendliche Wahrheit zu erfassen. Thoreau sagt: »Es ist nicht notwendig, ein Christ zu sein, um die Schönheit und Bedeutung des Lebens Christi zu erfassen.« Und Theodore Parker, auch ein helles Licht in der Bewegung, schrieb: »Das Problem der transzendentalen Philosophie ist nicht geringer als dies: Die Erfahrungen der Menschheit zu revidieren; Ethik durch das Gewissen und die Wissenschaft durch die Vernunft zu überprüfen; die Glaubensbekenntnisse der Kirchen zu erproben, die Konstitutionen der Staaten mit den Gesetzen des Universums zu vergleichen.«

Ralph Waldo Emerson, einer der Gründer der transzendentalen Bewegung, wurde zum »modernen Propheten der Wiedererweckung der Wahrheit«. Er hatte weitreichenden Einfluß auf das, was wir heute

Neugeist nennen. Hier folgen einige Beispiele aus seinem Gedankengut:

– »Ein Gesetz ist die Grundlage aller Dinge, von dem alle Sprache verkünden will, aus dem alles Tun hervorgeht; eine einfache, stille, unbeschriebene, unbeschreibliche Gegenwart, die in friedvoller Weise in uns wohnt. Sie ist unser rechtmäßiger Herr: Wir sollen nicht tun, sondern getan werden, nicht arbeiten, sondern bearbeitet werden. Ihm erweisen alle denkenden und gerechten Menschen aller Zeitalter und Verhältnisse die Ehre.«

– »Aus unserem Innern oder von hinten scheint ein Licht durch uns auf die Dinge und läßt uns bewußt werden, daß wir nichts sind, doch das Licht alles ist. Der Mensch ist die Fassade eines Tempels, in dem alle Weisheit und alles Gute wohnen. Das, was wir im allgemeinen als Menschen bezeichnen – der essende, trinkende, pflanzende, zählende Mensch – zeigt, so wie wir ihn kennen, nicht wirklich sich selbst, sondern ein falsches Bild von sich. Dieses Bild verehren wir nicht, doch zeigte er seine Seele, deren Organ er ist, ließe er seine Seele seine Handlungen bestimmen, wir würden unser Knie vor ihm beugen. Wenn sie durch seinen Intellekt atmet, ist er ein Genius, atmet sie durch seinen Willen, dann ist er tugendvoll, strömt sie durch seine Zuneigung, dann wird sie zu Liebe.«

– »Jesus Christus ist einer der wahren Propheten. Er sah die Mysterien der Seele mit offenen Augen. Angezogen durch ihre tiefe Harmonie, hingerissen von ihrer Schönheit, lebte er in ihr und hatte sein Sein in ihr. Er war der einzige der Geschichte, der die wahre Größe des Menschen erkannte. Er lebte bereits das, was auch du und ich leben könnten. Er sah, daß Gott sich im Menschen inkarniert und auf diese Weise immer wieder neu von seiner Welt Besitz ergreift. Er sagte im Jubel seiner erhabenen Gefühle: ›Ich bin göttlich. Durch mich handelt Gott, durch mich spricht Er. Wollt ihr Gott sehen, dann schaut auf mich, oder schaut auf euch selbst, wenn ihr meine Gedanken denkt.‹ Doch welch schreckliche Verzerrung erfuhren seine Lehre und seine Erinnerung im gleichen, im nächsten und auch noch im darauf folgenden Zeitalter.«

– »Wenn wir mit dem Gott unserer Tradition gebrochen und

aufgehört haben, unseren Intellekt als Gott anzubeten, dann entzündet uns Gott mit Seiner Gegenwart.«

– »Wir sind das, was wir den ganzen Tag denken.«

Während Emerson die philosophischen Grundlagen für den Neugeist vorbereitete, begann ein weiterer Neuengländer mit Experimenten zur mentalen und spirituellen Heilung. Dieser Pionier war Phineus P. Quimby (1802–1866), den man als »praktischen Meister« der Metaphysik bezeichnete. Quimby war in der Demonstration der Anwendung metaphysischer Gesetzmäßigkeiten sehr erfolgreich. Er durchbrach die Illusion der Krankheit und brachte die Wirklichkeit strahlender Gesundheit zum Vorschein. Eine seiner Schülerinnen war Mary Baker Patterson, die später als Mary Baker Eddy bekannt wurde und die Christliche Wissenschaft (Christian Science) ins Leben rief. (Weil die Christliche Wissenschaft Anspruch auf eine einzigartige Offenbarung von Frau Eddy, d. h. eine feste und endgültige Lehre, Anspruch erhebt, sieht sich die Kirche selbst nicht als Teil der Neugeist-Bewegung.)

Emma Curtis Hopkins, früher Schützling von Frau Eddy, errichtete später selbst eine unabhängige metaphysische Schule. Ihre Lehren beeinflußten in weitem Maße die Gründer der drei wichtigsten Neugeist-Kirchen in Amerika heute: Nona Brooks – Divine Science ... Ernest Holmes – Religious Science ... Charles and Myrtle Fillmore – Unity. Hunderte von bekannten Autoren und Lehrern und Tausende »Studenten der Wahrheit«, die alle zum Aufblühen dieser Wahrheitszentren beitrugen, arbeiten zusammen, um die Bühne für das Neue Zeitalter vorzubereiten. Die Lichtträger inkarnierten sich erneut in großer Zahl und nahmen ihre Plätze ein, um ihre Aufgaben zu erfüllen.

Die vielen neuen unabhängigen Kirchen, Organisationen, Zentren und Schulen, die sich inzwischen zusätzlich zu den drei Pionier-Kirchen gebildet hatten, erforderten einen Zusammenschluß all dieser Gruppen und Einzelwesen in einer freien und offenen Allianz. 1917 wurde die Internationale Neugeist-Bewegung (International New Thought Alliance – I. N. T. A.) gegründet, deren Ziele so formuliert sind: »... Alle Kirchen, Zentren, Schulen auf dem Gebiet des Neugeistes unter einem spirituellen Dach zu vereinen, das allen volle Freiheit des Ausdrucks und der Wirkungsweise zusichert und dazu ermutigt ... die potentielle Stärke der vielen Gruppen zu lenken und in einer koordinierten Kraft zu konzentrieren, die dem Wachsen des Ganzen dient ... der Welt die Botschaft spiritueller Heilung für den gesamten Menschen zu vermitteln ... (und) allen Nationen Heilung zu bringen.«

Seitdem hat die Neugeist-Bewegung große Bedeutung gewonnen, und alle, die in den verschiedenen Religionen dieser Erde an die »untrennbare Einheit Gottes und des Menschen« sowie das schöpferische Gesetz von Ursache und Wirkung glauben, treten hervor und kommen auf die Bühne des Lebens. Die Goldene Schnur – »das höchste Gemeinsame aller Religionen, die metaphysische Lehre der Propheten, Heiligen und Seher« umfaßt den Globus und bildet ein Lichtband, wie es dieser Planet noch niemals erfahren hat. Dieses bevorstehende »Etwas« ist wahrlich im Begriff, hervorzubrechen. Und es ist *gut!*

3. KAPITEL

Der göttliche Plan

Wenn du in der Planetarischen Kommission *wirkungsvoll* mitarbeiten willst, dann solltest du deine Rolle bei der Erfüllung des göttlichen Plans – deinen eigenen Plan und den der Menschheit – verstehen. Und zu diesem Verständnis gesellt sich große Zielstrebigkeit. Du empfindest ein inneres Drängen, eine Aktivierung deines Willens, an dieser Mit-Schöpfung teilzuhaben. Ja, die Rettung der Welt hängt wirklich von dir ab, denn du bist ein Teil des Ganzen, und das Ganze könnte ohne dich nicht vollkommen sein!

Wir schlagen vor, daß du dir für deinen »göttlichen Plan« als Tagebuch ein Spiralheft kaufst. Du solltest dieses Tagebuch in vier Teile mit den Überschriften 1) Was ich in diesem Leben lernen muß, 2) Was ich schon gelernt habe, 3) Inventur meiner besonderen Talente und Fähigkeiten und 4) Mein Lebensprogramm – unterteilen. Jeder Abschnitt umfaßt einen Teil deines Meisterplans für dieses Leben. Nun wollen wir aber auch über den Sinn dieses Plans sprechen.

Etwas zu *planen* heißt, eine Idee zu haben, darüber nachzudenken und die entsprechenden Vorkehrungen dafür zu treffen. Die Idee selbst, die damit zusammenhängenden Überlegungen und die Vorbereitungen machen zusammen den PLAN aus. So ist auch im *göttlichen Plan* die Strategie und das Muster für jeden einzelnen Mann und jede einzelne Frau festgelegt, für die gesamte Menschheit, für den gesamten Planeten, so wie der unendliche Denker es erdacht hat. Im wesentlichen sprechen wir vom *Willen Gottes*, und wenn wir diesen Willen als den »kosmischen Drang« verstehen, der unendlich Gutes für alle zum Ausdruck bringen will, dann beginnen wir langsam die absolute Großartigkeit dieses Plans zu verstehen.

Wir brauchen nur das Wesen Gottes zu betrachten, um zu wissen, wie dieser Plan aussieht. Er muß unendlichen Frieden und Harmonie umfassen, atemberaubende Schönheit, überall verfügbare bedingungslose Liebe, überfließenden Wohlstand, strahlende Vollkommenheit des Gemütes und des Körpers, den wahren Ort völliger Erfüllung für jeden einzelnen Menschen, unbegrenzte Freude und vollkommene Ordnung und die Fähigkeit eines jeden göttlichen Ausdrucks seines unendlichen Geistes, Mit-Schöpfer zu sein und in Weisheit und Verständnis das Königreich Gottes auf Erden hervorzubringen.

Um uns über den Sinn dieses Plans klar zu werden, müssen wir uns daran erinnern, daß wir unser Gewahrsein, unser Verständnis und das Wissen unseres wahren Wesens als vollkommener Ausdruck Gottes verloren haben – unser wahres Wesen schläft buchstäblich. Wir können also logischerweise sagen, daß es unser Ziel sein muß, zu unserer göttlichen Identität zu erwachen. Nach dem Erwachen widerspiegelt das Leben eines jeden Individuums eine neue Realität, und so wie jede »Einheit« des Bewußtseins eine Wiederverbindung zum Ganzen erfährt, so wird die ganze Welt zur spirituellen Ebene der Liebe, der Freude und des Friedens erhoben.

Denken wir also an diese grundsätzlichen Forderungen, dann begreifen wir auch, daß der Plan die Befreiung von Furcht, das Auslöschen falscher Überzeugungen und das Ausradieren karmischer Schulden für jedes menschliche Wesen beinhalten muß. Der Plan kann also als Lehrmodell betrachtet werden, und da Lehren auch Lernen voraussetzt, begreifen wir auch die Notwendigkeit unterschiedlicher Lernerfahrungen, die uns helfen, unser Bewußtsein zu reinigen und zu klären, damit das Licht die Dunkelheit vertreiben und wahrlich alle Dinge neu machen kann!

Dein persönliches Lernprogramm

Bei der Durchführung des Plans für dein individuelles Leben hast du zwischen den Inkarnationen die Möglichkeit zu wählen, welche Erfahrungen und Verhältnisse dir bei deinem spirituellen Wachsen am besten helfen. Jede Erfahrung ist eine Lektion, und jede gelernte Lektion wird bestimmte geistige Qualitäten in dir erwecken, die Teil deines wahren Wesens sind. Dies alles enthält dein Lebensbuch. Dieses Buch, deine individuelle Akasha-Chronik, enthält dein Dasein als geistiges Wesen, den Abfall in den Traumzustand, deine Miß-Schöpfungen und die karmische Auswirkung, die Serie von Lektionen, die du auf dich genommen hast, um dein Karma auszulöschen und zur Wahrheit zu erwachen, und den Bericht über deine bisherige Reise. Vor einer jeden Inkarnation wird dein Buch überprüft, und du entscheidest dich, welche Lektionen du in deinem nächsten Leben in physischer Form lernen willst.

Welche Lektionen hast du nun in dieser besonderen Inkarnation zu lernen? Die Antwort auf diese Frage erfährst du in der Meditation. Du kannst aber auch auf das karmische Rad schauen, um diese Antworten zu finden. Stell dir ein großes Riesenrad vor. Jede Gondel ist mit menschlichen Erfahrungen gefüllt. Während sich das Riesenrad dreht, wird die Gondel, die dem Boden am nächsten ist, ausgeleert und setzt bestimmte Bedingungen und Erfahrungen in deinem Leben frei – und so weiter. Wenn du dein bisheriges Leben analysierst, wirst du beim Umlauf deines karmischen Rades feststellen, daß es normalerweise Bedingungen und Verhältnisse ähnlicher Art ablädt. So hast du zum Beispiel finanzielle Probleme gehabt, hast eine Lösung dafür gefunden, nur um sofort danach wieder neuen Mangel zu erfahren, wenn die Gondel wieder bei dir ankam. Oder es können auch Beziehungs- oder Gesundheitsprobleme sein, die periodisch in deinem Leben auftreten.

Nimm dir genügend Zeit, dein Leben genau zu betrachten – gehe so weit zurück, wie du dich erinnern kannst. Mach dir eine Aufstellung der traumatischen Erfahrungen – besonders der negativen Ereignisse. Schreib das Jahr und die allgemeinen Umstände dazu. Mach dir keine Sorgen darüber, daß du negative Energie aktivierst, wenn du all diese Erfahrungen in deine Erinnerung zurückholst. Diese Erinnerungen sind alle immer noch da und sicher untergebracht in der jeweiligen Gondel deines Rades, also hol sie dir hervor und notiere im ersten Teil deines Tagebuchs, was dir alles dazu einfällt.

Vielleicht hilft dir dabei ein wenig Gedächtnistraining. Denke über diese Fragen nach: Welches war mein größtes Problem in diesem Leben? Berücksichtige dabei:

– Persönliche Beziehungen
– Befriedigung in der Arbeit, dem Beruf
– Körperliches Wohlbefinden und Gesundheit
– Finanzieller Wohlstand und Sicherheit
– Sonstige Sicherheiten und Schutz
– Zusammenarbeit mit und Unterstützung durch andere
– Sonstige Verhältnisse und Umstände, die dir bisher negative Erfahrungen gebracht haben.

Vielleicht möchtest du deine Erlebnisse auf einer Tabelle von 1 bis 10 einordnen, um einen Überblick zu gewinnen, wo du bewußtseinsmäßig stehst. Bitte denke daran, daß du jetzt herausfinden sollst, welches das wichtigste, das offenkundigste Problem deines Lebens ist – eines, das immer wieder auftritt.

Im zweiten Teil geht es um die in diesem Leben zu lernenden Lektionen. Hierzu solltest du dir die Frage beantworten: »Wovor habe ich in diesem Leben die größte Angst?« Ist es die Angst vor dem Alleinsein? Angst vor dem Versagen? Angst vor Mangel? Angst vor Krankheit? Gib deinen Ängsten einen Namen und schreibe sie auf. Damit kannst du leichter herausfinden, ob deine Ängste mit den offensichtlichsten Problemen deines Lebens im Zusammenhang stehen. Vielleicht erfordert das von dir einiges Nachdenken, doch die darauf verwendete Zeit lohnt sich wirklich.

Nun zum dritten Teil, zu unserer Lebensaufgabe, zu dem, was wir zu lernen haben. Beantworte hierzu die Frage: »Was sehe ich als den wichtigsten Fehler meines menschlichen Bewußtseins an?« Vielleicht wählst du eine oder zwei Eigenschaften aus der folgenden Aufstellung aus:

– Egoismus
– Eifersucht
– Groll gegen andere
– Unehrlichkeit
– Trägheit
– spiritueller Stolz

– Unfähigkeit, Liebe auszudrücken
– Unfähigkeit des Annehmens
– Unfähigkeit des Gebens
– Das Gefühl des Nicht-wert-Seins
– Besitzanspruch
– Das Gefühl der Überheblichkeit oder Minderwertigkeit
– Zynismus
– Ärger
– Sonstige (vervollständige die Liste aufgrund deiner persönlichen Bewertung deines Bewußtseins)

Nun fassen wir alle Punkte zusammen und stellen die letzte Frage: »Wenn ich die immer wieder auftretenden offensichtlichen Probleme betrachte, meine Hauptängste untersuche und eine Aufstellung der Hauptfehler meines menschlichen Bewußtseins ansehe... was habe ich dann in dieser Inkarnation zu lernen, um völliges spirituelles Bewußtsein zu erreichen?

An einem Beispiel will ich aufzeigen, wie deine Antwort aussehen könnte: »Ich erkenne, daß meine wichtigste karmische Belastung in dieser Inkarnation mit Beziehungen zu tun hat und mit meiner Unfähigkeit, zu anderen Menschen eine liebevolle und bedeutungsvolle Beziehung herzustellen. Dies paßt genau zu meiner Angst vor dem Alleinsein, besonders in den späteren Jahren meines Lebens. Folglicherweise bin ich in meinen Beziehungen besitzergreifend, häufig aus nicht erkennbarem Anlaß eifersüchtig und erfüllt von Selbstzweifeln und einem Mangel an Selbstwertgefühl, wenn die Beziehung zerbricht.«

Was hätte also dieses Menschenkind zu lernen? Es ist die Lektion der Liebe – BEDINGUNGSLOSE Liebe für sich selbst und die anderen, bedingungslose Liebe ohne Verpflichtung.

Im vorliegenden Beispiel war die zu lernende Lektion leicht zu erkennen, doch in vielen anderen Fällen ist das nicht so. Wenn du also nicht gleich herausfindest, was du zu lernen hast, mußt du möglicherweise weiter und weiter zurückgehen, bis du an die Grundursache der Bedingungen kommst. Zum Beispiel, treten körperliche Beschwerden vielleicht immer während oder nach finanziellen Krisen auf? Hat die

Kette zerbrochener Beziehungen dazu geführt, daß du auf deiner Arbeitsstelle unzufrieden wurdest und der Beruf dich nicht mehr ausfüllte? Viele Menschen können ein Problem auf eine bestimmte Verletzbarkeit zurückführen, und in sehr vielen Fällen war es ein Problem, das eine Beziehung zu finanziellem Mangel hatte. Ein Mitglied unserer Quartus Society fand heraus, als er sein Leben überprüfte, daß die meisten Krisensituationen seines Lebens als Erwachsener auf unzureichende finanzielle Mittel zurückzuführen waren. In den meisten Fällen war die Grundursache für Nichterfüllung im Beruf oder physische Krankheiten die Sorge um Geld. So wußte er, was er in diesem Leben zu lernen hatte – ein und für alle Mal: die Gesetze spirituellen Wohlstandes.

Wie unser Beispiel des Beziehungsproblems zeigte, könnte die gesamte Liste deiner negativen Erfahrungen unter nur eine Überschrift fallen. Vielleicht ist das die Gesundheit. Wenn andere Probleme nur die Nebenwirkungen dieser Hauptherausforderung zu sein scheinen, dann weißt du, daß du dir für diese Inkarnation vorgenommen hast, Gott als dein Leben und die Vollkommenheit deines Körpers zu erkennen. Vielleicht warst du auch mit deinen Arbeitsstellen immer wieder unzufrieden – und mit deinem Beruf im allgemeinen. Diese Unzufriedenheit könnte ein Zeichen dafür sein, daß der Sinn dieses Lebens darin besteht, den richtigen Platz zu finden – den Lichtkreis nämlich, wo dein göttlicher Plan am wirkungsvollsten zum Ausdruck gebracht werden kann. Wie immer das sich wiederholende Muster der »nicht-so-wünschenswerten-Gegebenheiten« auch aussehen mag, jetzt ist die Zeit, etwas zu unternehmen. Wartest du noch länger, dann wirst du nur wieder und wieder die gleichen Erfahrungen machen und deine Teilnahme als Mit-Schöpfer in der Erfüllung des göttlichen Plans hinauszögern.

Es gibt noch etwas zu bedenken: Jede negative Erfahrung oder jedes negative Muster deines karmischen Rades steht in direktem Zusammenhang mit deinem Selbstwertgefühl. Was du wirklich von dir selbst hältst, ist in deinem äußeren Leben und deinen Lebensumständen zu erkennen. Wenn du dich auf nur einem Gebiet deines Lebens unwürdig fühlst, dann trägt deine Seele eine Last in Form einer karmischen

Schuld, und das muß sich – gesetzmäßig – in deinen äußeren Bedingungen widerspiegeln. Wenn du damit beginnst, deinen Wert mit dem Wert Gottes gleichzusetzen, weil du erkennst, daß du eine Individualisierung des Schöpfers dieses Universums bist, dann sind deine Schulden bezahlt, und du bist frei. Wenn du dich selbst erkennst, dann hast du deine Lektionen gelernt. Also denke darüber nach, welche Vorstellung du in diesem Augenblick lebst. Siehst du dich als den Christus Gottes, als Gott, der sich durch dich zum Ausdruck bringt? Sollte das nicht der Fall sein, verschwende keinen Augenblick mehr an den Gedanken, daß du nur ein »hu-man-es Wesen« bist. Gehe vielmehr von dem Gedanken aus, daß Gott in dir individualisiert ist, und laß deine Gedanken von diesem Bewußtseinszustand aus fließen und dein Gefühlsleben von dieser Wahrheit durchdringen. Deine Worte sollen das völlig unbegrenzte Sein widerspiegeln, das du bist, und deine Handlungen sollen auf der Wahrheit beruhen, daß du manifestierte Allmacht bist! Wenn du nach dem Bild lebst, daß du der Christus Gottes bist, dann erschafft das Gesetz in deinem Leben alles, um diese Vorstellung widerzuspiegeln – ... Wohlstand, Liebe, körperliche Vollkommenheit, Erfolg an deinem richtigen Platz, große Freude, vollständigen Frieden, Weisheit, Glauben, tiefes Verständnis, Macht, vollkommene Ordnung, Begeisterung, Schönheit und die Art von Leben, die seit Anbeginn für dich gedacht war.

Die karmische Schnur durchtrennen

Und was ist mit karmischen Verbindungen negativer Art zu anderen Personen? Diese wurden offensichtlich in der Vergangenheit durch Groll, Feindseligkeit und Angst hervorgerufen, und vielleicht hast du diese Menschen wieder in dein Leben gezogen, so daß du lernen kannst, ihnen zu vergeben. Wenn du täglich und eifrig mit Reinigungsmeditationen arbeitest, der Vergangenheit vergibst und den Geist in deinem Innern bittest, alle fehlerhaften Muster und negativen Emotionen auszulöschen, dann werden die Überreste dieser karmischen Verbindung aufgelöst. Doch wenn du weiterhin Verurteilung und

Unversöhnlichkeit aussäst, dann hebst du diesen Trennungsvorgang praktisch wieder auf und erhältst den »Status quo«.

Du kannst jedoch in der Weise mit dem Geist zusammenarbeiten, daß du die psychische Kette, die dich mit der anderen Person verbindet, durchschneidest. Stelle dir vor, zwischen dir und dieser bestimmten Person besteht ein Energieband (und das ist auch in Wirklichkeit so). Ihr seid buchstäblich »zusammengeschlossen« – zusammengebunden – durch ein Band negativer Energie aus dem Solarplexus beider Personen. Du mußt nun dieses Band aufrichtig zu durchtrennen *wünschen*, und das dann auch wirklich tun! Dazu nimmst du eine imaginäre Schere in die Hand und durchschneidest jetzt das Band. Sieh vor deinem geistigen Auge, wie das Band durchschnitten wird – spüre es jetzt! Dein Bewußtsein wird auf diesen mental-emotionellen Vorgang sofort reagieren, aber es ist wichtig, daß du vor deinem geistigen Auge das Band durchschnitten siehst. Ist das geschehen, solltest du alle bedingungslose Liebe, deren du fähig bist, zu dieser anderen Person ausströmen lassen. Er oder sie ist dann von dir befreit und aus deinem Energiefeld entfernt worden und kann nun das höchstmögliche Gute erfahren. Die Verbindung ist zum Besten aller Beteiligten unterbrochen worden – und ihr beide seid frei. Nun gelingt es dir, bedingungslos zu lieben – ohne irgendwelche Verpflichtungen.

Du bist nicht zum Leiden hier

Der göttliche Plan sieht keine besonderen Leiden für dich vor. Wenn auch das Gesetz von Ursache und Wirkung eindeutig ist, so heißt das doch nicht, daß der Lernvorgang eine traumatische Erfahrung sein muß – außer du entscheidest dich dafür. Nach dem Willen Gottes bist du nicht auf dieser Welt, um Leiden zu ertragen. Du sollst hier vielmehr deine Herausforderungen freudig und liebevoll meistern, indem du alle negativen Energien von Erfahrungen oder Bedingungen umwandelst. Tust du das nicht, versäumst du das, dann erfüllst du deinen Teil des Plans nicht. Du verfügst über die Kraft, alle negativen Bedingungen deines Lebens auszuschalten, und du verfügst über die Kraft, dein Leben auf dem rechten Kurs zu halten, während du dich geistig zum Christusbewußtsein entwickelst. Viele Menschen glauben, ein karmisches Krankheitsmuster würde darauf hindeuten, daß sie eine hinderliche Krankheit erfahren, von Schmerzen gepeinigt und unbeschreibliches Leiden erfahren müßten, um für »ihre Sünden zu zahlen« und von der Last befreit zu werden. Das ist kompletter Unsinn! Wenn du gleich am Anfang deiner gesundheitlichen Beschwerden gewußt hättest, daß dies nur eine Täuschung ist, die deiner Aufmerksamkeit bedarf, lediglich das äußere Zeichen eines falschen Glaubens und negativer Gefühle, dann hättest du dich gleich mit den folgenden Gedanken in eine ruhige Ecke zurückziehen können:

»Offensichtlich ist dies ein Zeichen dafür, daß es in meinem Denken und Fühlen eine falsche Annahme und ein Mißverständnis über die Vollkommenheit meines Körpers gibt. Ich bin froh darüber, daß dies sich jetzt zeigt, damit ich dieses falsche Muster ein und für allemal auslöschen kann. Ich weiß, daß ich nicht krank sein muß, um diese Muster zu verbrennen. Ich brauche nicht zu leiden oder Schmerzen zu ertragen, um diese alten Bänder zu löschen. Ich brauche sie nur als das zu erkennen, was sie sind, und muß mich im Bewußtsein über sie erheben. Ich brauche nur den Saum des Gewandes meines Hohen Selbst zu berühren – und ich bin völlig geheilt. Die Dauer dieser Heilung ist abhängig davon, wie ich mich ab jetzt zu denken, zu fühlen und zu verhalten entscheide. Da ich den Grund meiner Krankheit kenne, kann ich diese Lektion akzeptieren und die Prüfung bestehen. Dieses Verständnis hilft mir, das karmische Rad zu durchbrechen durch die Erkenntnis: Gott ist meine Gesundheit, Gott ist mein Leben, Gott ist auf ewig ICH! Daher ist es für mich unmöglich, schlechte Gesundheit zu erfahren. Ich kann nur strahlende Vollkommenheit und überströmendes Wohlergehen zum Ausdruck bringen.«

Du würdest täglich über deine Einheit mit Gott kontemplieren, jedem und allem vergeben, alle Wesen bedingungslos lieben, die Wahl treffen, nur die strahlende Vollkommenheit deines Christ-Selbst zum Ausdruck zu bringen, immer wieder die Ganzheit deines Gemütes und des Körpers annehmen, und jeden Tag in dem Gefühl leben, einen

Körper zu besitzen, der nach dem vollkommenen Plan Gottes geformt ist. Und das Ergebnis? Krankheit würde dir bald so fremd sein, daß sie nicht einmal mehr Teil deines Bewußtseins wäre. Und das gleiche würde auch für deine finanzielle Situation, deine persönlichen Beziehungen, berufliche Erfüllung und alle sonstigen Bereiche deines Lebens zutreffen. Eine »Lektion« heißt nur, daß wir vergeben und eine gedankliche Korrektur vornehmen müssen.

Was du bereits gelernt hast

Karma ist das Gesetz von Ursache und Wirkung. Damit ist gemeint, daß Karma nicht immer unbedingt eine negative Bedeutung haben muß. In deinen vielen Leben – und auch in deinem jetzigen Leben – hast du auch gute Gedanken, Worte und Taten ausgesät, und so erntest du ebenso die Wirkung dieser guten Taten. Mache also eine Inventur deines Lebens, um festzustellen, welche Lektionen du bereits gemeistert hast.

Vielleicht findest du so heraus, daß du während deines ganzen Lebens kaum krank warst, oder wenig Probleme in deinen Beziehungen hattest, oder immer über genügend Geld verfügtest, um das zu tun, was du tun wolltest. Möglicherweise bist du in deinem Beruf sehr zufrieden und empfindest, daß du genügend Erfolg erreicht hast, um damit Erfüllung zu erfahren. Wir sollten bei unserer Bestandsaufnahme niemals nur die negative Seite betrachten, ohne zunächst einmal zu überlegen, was in unserem Leben in Ordnung ist. Wenn wir das tun, stellen wir meistens fest, daß die positiven Erfahrungen die negativen überwiegen.

Halte jetzt für einige Minuten inne und beginne den zweiten Abschnitt deines Tagebuches »mein göttlicher Plan«. Laß dein Leben an dir vorbeiziehen und stelle ein Verzeichnis aller guten Erfahrungen auf. Vielleicht erkennst du aus diesem günstigen Ausgangspunkt der »gelernten Lektionen«, daß die Spitze des Berges viel näher ist, als du dachtest. Frage dich: In welchen Punkten bin ich *in Ordnung*? Welche Aspekte meines Lebens sind positiv? Wo fühle ich mich vollkommen und ganz?

Denke an deine Fähigkeit zu geben und zu empfangen, deine

Integrität, dein wachsendes Bewußtsein, dein wundervolles, liebevolles Wesen. WAS IST BEI DIR ALLES IN ORDNUNG?

Deine Gaben und Fähigkeiten

Nach dem Gesetz des Ausgleichs ist für jede im Leben zu lernende Lektion eine Gabe mit anderen zu teilen, eine Fähigkeit, die du einsetzen solltest, um anderen Seelen zu helfen, ihre Herausforderungen zu meistern, ihre Aufgaben zu lernen und zur Wahrheit zu erwachen. Diese Gaben, Fähigkeiten oder Eigenschaften des Bewußtseins mögen teilweise in Beziehung stehen zu den in der Vergangenheit ausgesäten Samen, d. h. dem »guten Karma«. Diese Fähigkeiten müssen wir für andere einsetzen, wenn wir vollen Nutzen davon erfahren wollen. Wenn du nun mit deinem Bewußtsein arbeitest, um über deine Herausforderungen hinauszuwachsen, die deine karmischen Schulden darstellen, und wenn du gleichzeitig all deine Fähigkeiten zum Wohl deiner Mitmenschen einsetzt, dann wird die Verbindung von Lernen und Dienen deinen Fortschritt so sehr beschleunigen, daß du deiner spirituellen Entwicklung viele Leben voraus bist. Und abhängig von deiner augenblicklichen Bewußtseinsebene könnte dir durch gleichzeitiges Lernen und Dienen in dieser Inkarnation schon bald buchstäblich der Himmel auf Erden beschieden sein.

Über die Begabungen sprechen wir im dritten Abschnitt des Tagebuches. Es gelingt dir sicher, deine besonderen Begabungen herauszufinden, wenn du dich fragst: »Was habe ich schon immer sein wollen? Was wünsche ich mir am meisten? Wo liegen meine Interessen? Was macht mir am meisten Freude?« Denke über diese Fragen wenigstens einige Tage lang nach, dann werden die Antworten in dir auftauchen. Gehe bis in die Kindheit zurück und dann schrittweise vorwärts – und erinnere dich all deiner geheimen Wünsche. Schreibe sie auf, um den gemeinsamen Nenner zu finden. Und du findest ihn. Es mag durchaus etwas sein, das du sonst unberücksichtigt lassen oder übersehen würdest, weil du es kaum als Möglichkeit betrachtest, daraus einen Job oder einen Beruf, eine Karriere zu machen. Oder es mag dir schwierig vorkommen, einen besonderen Herzenswunsch mit einem Talent oder einer Begabung in Zusammenhang zu bringen. Vielleicht hattest du stets den Wunsch zu reisen und ferne Länder zu sehen und träumtest davon, dies nach deiner Pensionierung oder erst später zu deinem reinen Vergnügen zu tun. Aber es ist doch denkbar, daß der Plan Gottes für dich ganz anders aussieht. Möglicherweise ist dein Reisewunsch auf das Gefühl der »Verbundenheit« zu Menschen mit unterschiedlichem Hintergrund und aus fremden Kulturen zurückzuführen – und durch deine Gabe der Liebe und des Verständnisses, die verbunden sind mit Respekt, Bewunderung und einem Gefühl der Brüderlichkeit, trägst du deinen Teil dazu bei, das Gefühl der Trennung zu heilen. Vielleicht ist dein Drang zu reisen das Stimulans, das dich die Reisebranche untersuchen läßt. Daraus mag eine Karrieremöglichkeit erwachsen, die die Bühne vorbereitet für zukünftige Reisen ins Ausland, wo du deine Talente in den Dienst Gottes und der Menschen stellen kannst.

Das obige Beispiel zeigt, daß es notwendig ist, deine Herzenswünsche genau zu untersuchen, um herauszufinden, was wohl dahinter stecken mag. Vielleicht kennst du aber deine Talente bereits, weißt aber nicht, wie du sie einsetzen sollst. Um größeres Verständnis darüber zu gewinnen, welche Gaben du mitbekommen hast und wie sie einzusetzen sind, schlagen wir die folgende Übung an sieben Tagen vor. Frage dich jeden Morgen sofort nach dem Aufwachen: »Was empfinde ich intuitiv als meine größte Stärke? Was empfinde ich intuitiv als meine größte Begabung, mein größtes Talent?« Wenn du diese Fragen an dich richtest (eine nach der anderen), dann schreibe die erste Antwort, die dir einfällt, sofort auf. Analysiere oder bewerte die Antworten nicht – schreibe nur auf, was dir spontan dazu einfällt. Stelle dir nur diese beiden Fragen und schreibe die Antworten auf. Frage dich zum Schluß noch: »Was empfinde ich intuitiv, will mein hohes Selbst mit diesen besonderen Gaben durch mich tun?« Schreibe wieder sofort die Antwort auf. Verfahre an sieben Tagen so, ohne einen Tag auszulassen. Du wirst erkennen, daß die Antworten der ersten drei Tage in gewisser Weise durch dein Ego gefärbt sind, doch am vierten Tag wirst du zu einem höheren Bewußtseinsbereich durchgestoßen sein, und die Antworten kommen in größerer Klarheit.

Und wie sehen nun Beispiele von Begabungen und Talenten aus? Wie wäre es mit Liebe, Freude und der Fähigkeit, in allem etwas Gutes zu finden? Denke dabei auch an Weisheit und Verständnis und wie du mit diesen Gaben anderen Menschen durch eine schwere Zeit hindurchhelfen kannst. Erkenne auch die Fähigkeit, auf vielerlei Arten mit Kindern gut umzugehen, deinen besonderen Humor, mit dem du andere zum Lachen bringen kannst, und die Fähigkeit, durch die richtige Organisation aus einem totalen Chaos wieder Ordnung zu schaffen. Es gibt musikalische Talente. Vielleicht singst du gut oder spielst ein Instrument. Und die Fähigkeit, eine Rolle so lebendig werden zu lassen, daß die Zuschauer jedes Gefühl für Zeit und Raum verlieren. Und was ist mit Kochen? Meine Mutter kocht mit so viel Liebe, daß bei ihr selbst ein Stein gut munden würde. Erinnere dich an deine Fähigkeit, etwas mit den Händen herzustellen, Schönheit in einer Fotografie einzufangen, ein Bild zu malen, eine Geschichte oder ein Gedicht zu schreiben, einem anderen etwas beizubringen – ob nun in einer Schulklasse oder auch außerhalb davon.

Es gibt so viele weitere Gaben und Talente – und eigentlich verfügen wir über das Potential, alle zu besitzen – doch es gibt sicherlich einige, die in unserem Bewußtsein ausgeprägter sind. Finde also deine Begabung – dein Talent – heraus und bringe es auf Hochglanz, um damit eine bessere Welt zu schaffen.

Dein Lebensprogramm

Dein Lebensprogramm – der vierte Teil deines Tagebuches – ist alles, was du dir wünschen kannst... alles, was du aus deiner erhöhten Sicht erblickst. Das Lebensprogramm nach deinem göttlichen Plan ist das Leben aus der Fülle, das der Vater jetzt für dich bereithält! Denke daran, daß »desire« (wünschen) bedeutet »vom Vater« – so ist ein jeder Wunsch, den du hast, ob nach einem Leben in größerem Wohlstand, einem Leben mit mehr Kreativität, einem befriedigenderen Leben, einem liebevolleren Leben, einem schöneren Leben, einem vollkommeneren Leben, das Anklopfen des Geistes Gottes an die Tür deines

Bewußtseins: »Es gehört dir! Alles, was Ich bin, bist auch du, und alles was Ich habe, gehört auch dir, jetzt! Nimm es! Freue dich daran! Liebe es! Dies ist mein göttlicher Plan für dich!«

Beginne gleich heute damit, dein Lebensprogramm zu schreiben. Was wünschst du dir vom Leben? Ich denke dabei weniger an eine Aufstellung oder eine Liste von Besitztümern. Wenn du bestimmte Dinge manifestieren willst, ist das fein, doch jetzt sprechen wir von einem Lebensprogramm an ERFAHRUNGEN ... und zu den Erfahrungen gehören auch die entsprechenden Dinge! Dies ist deine Gelegenheit, das größte Drama aller Zeiten zu schreiben – und es ist dein Drama, weil es die Geschichte *deines* Lebens ist. Als Überschrift sollte oben auf der Seite stehen: »Ich sehe mich selbst ...« und dann schreib auf, als was du dich aus höchster Sicht siehst. Du allein hast die Wahl... was wünschst du dir? Was möchtest du sein und haben? Vergiß einmal alle »Ich kann nicht«, alle Behinderungen. Stelle dich in die Mitte deiner Welt und baue alles um dich herum auf.

Wenn du die einzelnen Szenen beschreibst, solltest du zunächst überlegen, wie du dich spirituell sehen willst. Zum Beispiel: »Ich sehe mich selbst als ein spirituelles Wesen. Ja, ich sehe mich als der Christus Gottes. Ich bin mir des mir innewohnenden Christus-Selbst so bewußt, daß ich zu diesem SELBST werde. Ich lebe und bewege mich, und ich habe mein Sein in Christus – als Christus – und ich bin jetzt der Meister, zu dem ich geschaffen wurde.«

Der zweite Teil deines Drehbuches bezieht sich darauf, wie du die Welt und dein eigenes Leben in dieser Welt siehst: »Ich sehe mich selbst in einer Welt des vollkommenen Friedens und der Harmonie, in einer Welt voller Liebe und Freude, in der das Gefühl des Getrenntseins von der Quelle vollständig geheilt ist und die Menschheit jetzt lebt wie Gottheit.«

Kehre jetzt zum ersten Teil deines Tagebuches zurück und erinnere dich daran, was du in diesem Leben zu lernen hast – und schreibe diesen Akt, in dem du darstellst, wie du diese Lektionen *meisterst*. Wenn es zum Beispiel deine Unfähigkeit war, eine enge, liebevolle Beziehung mit einem Seelenkameraden zu genießen, dann könnte das, was du aufzählst, so aussehen: »Ich sehe mich selbst in einer wunderschönen, liebevollen Beziehung... warm und zärtlich, gleichzeitig beflügelnd und aufregend. Ich sehe vollkommene bedingungslose Liebe zwischen uns beiden, die großartig und wundervoll ist. Und ich liebe den Spaß, die Ausgelassenheit und die Fröhlichkeit in unserer Beziehung. Wir sind zusammen so glücklich.« Beschreibe die Szenen im Detail... beschreibe wörtlich, wie du dich unterhältst, formuliere mit tiefem Gefühl all das, was ihr gemeinsam tun wollt.

Betrachte nun den zweiten Teil deines Tagebuches und sieh dir die guten Samen genau an, die du in der Vergangenheit ausgestreut hast und die du jetzt erntest. Denke daran, du hast deine Lektion gelernt, doch du möchtest in diesem Leben deine Meisterschaft in diesen Gebieten noch verbessern. Wenn du dich also schon guter Gesundheit erfreust, dann solltest du dieses Gebiet keinesfalls aus deinem Lebensprogramm herauslassen. Du könntest das so formulieren: »Ich sehe mich selbst erfüllt von Lebensfreude und Vitalität... Ich sehe mich selbst mit einem ganz und gar gesunden Körper, in dem jede Zelle nach dem Bild des vollkommenen Plans in göttlicher Ordnung funktioniert.« Wichtig ist, daß du deine eigenen Worte findest... die Worte, die deine höchste Vorstellung darstellen und in dir die größte Freude auslösen.

Dann schaue deine Talente und Fähigkeiten an, um festzustellen, bei welcher Arbeit du die tiefste Befriedigung finden würdest – wie immer diese Arbeit auch aussehen mag. Wir sprechen dabei von deinem wahren Platz im Leben, an dem du dich selbst das tun siehst, was du am liebsten tun möchtest. Und sprich keinesfalls davon, du wärest zu alt oder zu jung, nicht dazu ausgebildet oder sonst etwas. Wirf alle Entschuldigungen fort. Beschreibe einfach die Szene und zeige, wobei du die tiefste Freude und die größte Erfüllung deines ewigen Lebens erfährst – und mache dir um die finanzielle Seite keine Gedanken. Überlege auch nicht, ob du genug Geld mit dem verdienen kannst, was du wirklich tun möchtest. Das ist ein weiterer Teil deines Plans. Sieh dich also jetzt in der Tätigkeit, die du eigentlich schon immer ausüben wolltest. Schreibe ganz einfach: »Ich sehe mich selbst...« und dann was du siehst.

Ist das geschafft, dann kannst du die Fülle deiner Versorgung in das Programm deines Lebens einfließen lassen und dich so reich sehen, wie du sein möchtest. »Ich sehe mich finanziell unabhängig und vollkommen sicher mit einem unerschöpflichen Wohlstand!« Mache dir keine Gedanken darum, woher das Geld kommen soll... das geht dich nichts an... sieh dich nur mit grenzenlosem Reichtum und wie du aus allen Ecken und Enden Wohlstand anziehst – und beschreibe, was du siehst.

Denke dir die anderen Szenen deines Lebens aus, indem du ideale und vollkommene Erfüllung siehst. Meistere jede Herausforderung, erfülle dir alle Wünsche, meistere jede Lektion, kapitalisiere deine Stärken, verwende alle Gaben und Talente, und lebe dein Leben aus einem Gefühl der Fülle. Sorge dich auch nicht um deine schriftliche Ausdrucksfähigkeit, um Interpunktion oder um deine Unfähigkeit, lebhafte und spannende Beschreibungen zu formulieren. Du schreibst schließlich kein Buch. Das alles schreibst du nur für dich selbst auf! Wenn du später an dem Text etwas ändern willst, fein... tue es, es geht schließlich um *dein* Lebensprogramm! Deine wichtigste Aufgabe ist jetzt, deinen größten Wünschen entsprechend und aus höchster Sicht die Richtlinien für dein Leben aufzustellen.

Denke daran, so wie wir uns selbst sehen, so werden wir auch!

»Ich sehe mich selbst energetisch, inspiriert und begeistert! Ich sehe mich liebevoll und geliebt, bedingungslos! Ich sehe mich selbst gelassen, zuversichtlich und erfüllt von der Kraft absoluten Glaubens! Ich sehe mich ganz und vollkommen, reichlich mit allem versorgt! Ich sehe mich mit vollkommener Urteilsfähigkeit und als göttliche Weisheit in Tätigkeit! Ich sehe mich stark, mächtig und voller Kraft! Ich sehe mich als ewiges Leben in vollkommenem Ausdruck! Ich sehe mich voller Freude, glücklich und froh darüber, ich zu sein! Ich sehe mich selbst Tag für Tag Gottes guten Willen genießen! Ich sehe mich selbst mit vollkommenem Verständnis! Ich sehe mich selbst als das Licht der Welt! Ich sehe mich selbst als Gott, der sich durch mich zum Ausdruck bringt.

Nachdem du dein Lebensprogramm in allen Details schriftlich festgehalten hast, vergewissere dich noch einmal, daß alle Szenen und Vorstellungen große Liebe, Freude und Begeisterung beinhalten. Dann setze dich in einer stillen Ecke aufrecht hin, atme ein paarmal tief durch und richte deine gesamte Aufmerksamkeit auf das Liebeszentrum in deinem Herzen. Entfache das Gefühl der Liebe immer mehr, bis du seine herrliche Schwingung spürst, dann lies deinem tiefsten Empfinden dein Lebensprogramm mit großem Gefühl vor. Lies dir das Programm entweder leise oder laut vor, je nachdem, was die größte Emotion in dir auslöst. »Ich sehe mich selbst...« Lies mit überströmender Liebe. »Ich sehe mich selbst...« Lies es mit Freudentränen. »Ich sehe mich selbst...« Lies es mit Kraft und Macht. »Ich sehe mich selbst...« Lies es mit einem tiefen Gefühl des Glücks. Lies jedes Wort mit Gefühl und betrachte liebevoll jede Szene, die vor deinem Auge auftaucht. Laß dir genügend Zeit, um der Ebene deines Gemüts, die unterhalb des bewußten Denkens liegt, die Details deines Lebensprogramms zu vermitteln, damit sie dort registriert und eingeprägt werden.

Ist das geschehen, dann hast du das Muster, das gedankliche Äquivalent, die Form für dein Lebensprogramm erstellt – und sie bleibt deinem tieferen Bewußtsein eingeprägt, eingeritzt, es sei denn, du veränderst sie. Und darum ist es sinnvoll, sich täglich selbst das Lebensprogramm vorzulesen, bis es sich manifestiert hat.

Nachdem also das Muster erstellt wurde, bleibt es der Macht, der Substanz, der kreativen Energie des Geistes überlassen, ihm Form und Erfahrung zu geben. Und obwohl das kosmische Gemüt der Hauptspieler auf der Bühne ist, hast auch du eine lebenswichtige Rolle als Mit-Schöpfer zu spielen. Diese Rolle sieht so aus:

1. Erinnere dich daran, wer du bist. Deinem wahren Wesen nach bist du reiner Geist, der wahrhaftige Christus Gottes, das Herr-Gott-Selbst, das du in Wahrheit bist.

2. Begreife, daß das von dir erdachte und aufgeschriebene Lebensprogramm nicht deine eigene Vorstellung widerspiegelt. Es ist von

deinem hohen Selbst; es ist das, was dein Gott-Selbst in deiner Welt darstellen möchte. Du kannst dich also entspannen in dem Wissen, daß du nichts zu tun brauchst, damit irgend etwas geschieht. Du mußt nur die Blauzeichnung in dein Bewußtsein nehmen und das Muster erstellen.

3. Die dir innewohnende erschaffende, kreative Energie des unendlichen Geistes ist die Substanz jeder Form und Erfahrung deines Lebensprogramms. Diese strahlende Energie – diese überfließende Substanz – strömt und strahlt auf ewig direkt durch dein Bewußtsein in die physische Welt, um zu all dem zu werden, was du dir wünschst. Während sie durch das Muster deines Lebensprogramms fließt, nimmt sie die Eigenschaften des Programms an und beginnt sich durch Reduzierung ihrer Schwingungszahl zu materialisieren.

4. Der vierte Punkt deiner Arbeit als Mit-Schöpfer: Wenn du deine Aufmerksamkeit auf die äußere *Form* deines Lebensplans gerichtet hältst, dann wird dein Gemüt nach einer Weile sagen, daß es nicht genügend Gelegenheiten gibt, den richtigen Partner zu finden, auch nicht genug Geld, um alle deine Ziele zu erreichen, nicht genügend Kontaktmöglichkeiten, um deinen wahren Platz im Leben zu finden, auch nicht genug körperliches Wohlbefinden, um all deinen Vorstellungen zu entsprechen, nicht genug Zeit, alles zu tun, was du tun möchtest, nicht genug Weisheit, um stets zu wissen, was man wann zu tun hat, nicht genug Zusammenarbeit mit anderen, nicht genug von ... allem und jedem.

Der Grund liegt darin, daß dein Gemüt selbst noch auf einer viel zu niedrigen Ebene schwingt ... deine mentalen Schwingungen sind so tief abgefallen, daß die Manifestation nicht beendet werden kann. Und deshalb mußt du dein Denken auf das spirituelle ICH BIN in deinem Innern in dem Wissen gerichtet halten, daß Gott die wahre SUBSTANZ deines Lebensprogramms und jede Tätigkeit dieses Lebensprogramms ist. Und da es nun wirklich niemals Mangel an göttlicher Substanz oder göttlichem Tun gibt, kann es also auch keine Hindernisse in der Erfüllung deines Programms geben.

Mit anderen Worten: Von Gott gibt es immer genug! Wenn dein Gemüt die wahre Bedeutung der »Allgegenwart« zu begreifen beginnt, dann erhebt es sich auf die Bewußtseinsebene von »Fülle«, und durch diese hohe Schwingung wird dein Lebensprogramm sichtbar. Du mußt verstehen, daß dein Programm, das sich als Form und Erfahrung sichtbar machen wird, eine *Auswirkung* deines Bewußtseinszustands ist. Und dir ist bekannt, daß du die Ursache vergißt, wenn du dich auf die Wirkung konzentrierst. Geschieht das, dann schneidest du dich selbst von der Kraft ab. Du darfst nur auf Gott, den Geist, die Substanz allein als DIE Quelle deines Lebensprogramms schauen und mußt den Blick vollkommen von der äußeren Welt abwenden.

In Wirklichkeit senkst du die Schwingung deines Bewußtseins, wenn du dich auf die Auswirkungen in deiner Welt konzentrierst. Je niedriger jedoch deine Schwingung ist, desto schwieriger ist es für dein Gutes, in Erscheinung zu treten. Doch wenn du auf die Geist-Substanz des großen ICH BIN in deinem Innern gesammelt bleibst, dann erhöhst du die Schwingung deines Bewußtseins. Bedenke dies: Wenn auch dein Denken sich eine Begrenzung der Form vorstellen kann, so doch sicherlich keine Begrenzung des Geistes selbst!

Erkennst du nun, welche Rolle du in diesem Plan spielst? Denn als Mit-Schöpfer

1. nimmst du die vom Geist hervorgerufenen Herzenswünsche und schreibst das Drehbuch für dein Leben entsprechend deiner höchsten Vorstellung. Das Lebensprogramm deines göttlichen Plans ist das, was du in Wirklichkeit tun, sein und haben willst!

2. vermittelst du deinem Bewußtsein mit großem Gefühl und freudigem Empfinden das Lebensprogramm, damit das vollkommene Muster entwickelt werden kann.

3. liest du täglich das Programm, um dieses Muster in dir aufrechtzuerhalten.

4. hältst du zu allen Zeiten die höchstmögliche Schwingung aufrecht, indem du dein Denken auf die Vorstellung des Geistes als Allgegenwart gerichtet hältst und darauf, daß der Geist sich als dein Lebensprogramm ausdrückt und daß es genügend Geist gibt, und es daher keine Begrenzungen in bezug auf dein Lebensprogramm geben kann.

Tauche ein in das Gefühl der FÜLLE und bade darin, und die Schwingung des ÜBERFLUSSES wird sich in deinen Angelegenheiten manifestieren ... die Fülle der Liebe, die Fülle der Gesundheit, die Fülle der Gelegenheiten, den wahren Platz zu finden, Geld in Fülle, Zeit in Fülle, Weisheit in Fülle, jede Menge Spaß, die Fülle des Friedens, die Fülle der Freude, grenzenlose Vitalität, unerschöpfliche Inspiration, ÜBERFLUSS – ÜBERFLUSS – ÜBERFLUSS!

Der göttliche Plan und dein richtiger Platz

Um nun das Konzept des göttlichen Plans zusammenzufassen – und um dir eine breitere Perspektive der Beziehung des »richtigen Platzes« innerhalb dieses Plans zu vermitteln – wollen wir uns anschauen, was Jason Andrews (Jason Andrews ist der Name der hochentwickelten Seele, von der ausführlich im Kapitel drei der »Superbeings« zitiert wurde) hierüber zu sagen hat.

Andrews meint: »Jeder Mann, jede Frau kam mit einem bestimmten Auftrag, einer Mission in die physische Form. Denken wir dabei an die Menschen, die heute in Amerika, in Europa, Rußland, im Fernen Osten und sonst in der Welt leben.

Ganz gleich, wie immer man deren Leben im allgemeinen betrachtet, jedem wurde Eintritt in die manifeste Welt gewährt, um eine ganz bestimmte Idee, Fähigkeit oder Bewußtseinsebene zum Ausdruck zu bringen.

Vergessen wir niemals die Einzigartigkeit eines jeden Individuums. Es gibt nicht zwei gleiche Wesen. Entfernt man die Maske der äußeren Persönlichkeit, bewegt sich vorbei am Gewahrsein, das auf die illusionäre Welt gerichtet ist, und geht durch die Tiefe der Erinnerungen, dann beginnt man die sanften Strahlen des Lichtes zu erkennen. Je mehr wir uns diesem Licht nähern, desto heller erscheint es uns. Dies ist das Licht der Wahrheit, der Punkt, an dem der Universale auf ewig die Form des Individuums annimmt. ... Es ist der Punkt, an dem der göttliche Geist in die MANifestation hervortritt. Hier, an diesem geheimen Ort des Überbewußtseins, wird die Einzigartigkeit geboren, denn Gott erschafft nichts gleich.

Zum Zeitpunkt der Trennung, als der Mensch sein spirituelles

Bewußtsein verlor – Zeitpunkt verstehen wir hier im übertragenen Sinn – prägte Gott jeder Seele ganz tief einen göttlichen Plan ein, der zur Wiedervereinigung der Kindschaft und Wiedererrichtung der Bruderschaft des Menschen unter der Vaterschaft Gottes führt. Man könnte also sagen, daß es einen Hauptplan gibt und daß der Plan eines jeden einzelnen Menschen Teil dieses Gesamtplans ist, der wahre Platz im Leben somit den äußeren Ausdruck dieses inneren Plans symbolisiert. Können wir wohl zustimmen, daß der wahre Platz die spezielle und spezifische Tätigkeit im Leben eines jeden Menschen ist, mit der er seinen Brüdern den Weg zur Einheit allen Lebens zeigt? Ist nicht zu erkennen, daß der wahre Platz darin besteht, wie und wo wir unser geistiges Licht ausstrahlen?

Den Grundstein für den ›richtigen Platz‹ im Leben schaffen wir, wenn wir andere an unserem spirituellen Verständnis teilhaben lassen. Doch er ist schon eingeschlossen in die ›Struktur‹ des Lebens selbst: richtige Arbeit, richtige Beziehungen, ein friedvolles Gemüt, ein frohes Herz und ein großartiges Gefühl der Erfüllung. Der in unserer Seele eingeprägte göttliche Plan ist für das Ganze unabdingbar, für das gesamte Universum, denn ohne ihn wäre er unvollkommen, ohne dich, ohne jeden einzelnen Mann, ohne jede einzelne Frau. ALLE Teile sind für das Ganze unentbehrlich, daher ist jede Seele für Gott gleich wichtig, denn Seine Vorstellung des »Sohnes« kann nur vollständig sein, wenn alle Teile an dieser Einheit teilnehmen.

Erkennen wir nun, daß der Betrunkene im Rinnstein für Gott ebenso wichtig ist wie der Führer einer Nation? So etwas wie eine ›verlorene‹ Seele existiert nicht – denn eine jede Seele ist Teil dieses Gesamtplans.

Der richtige Platz ist, wie und wo wir den göttlichen Plan für unser ewiges Leben zum Ausdruck bringen. Der ›wahre Platz‹ ist die Wirkung; der Plan ist die Ursache. Wählen wir irgendeinen Fremden aus einer Menge aus. Erkennen wir doch, daß er etwas Besonderes ist. In seiner Seele befindet sich ein Glied der universalen Kette der Bruderschaft, der Kindschaft, und ohne diesen bestimmten Einzelmenschen, dieses bestimmte Glied in der Kette, könnte Gottes Bild von Sich Selbst nicht vollständig sein.

Das Glied der Kette repräsentiert den individuellen göttlichen Plan. Wenn es uns gelänge, den Plan dieses Menschen aus seinem Bewußtsein herauszulesen, dann könnten wir seine besondere Gabe, sein spezielles Talent erkennen, mit dem er anderen einen nützlichen Dienst zu leisten vermag. Möglicherweise hat er dieses Talent bisher nicht entdeckt, doch es ist in ihm vorhanden. Es gibt da auch eine magnetische Kraft, die, wenn er ihr folgt, ihn genau an den geographischen Platz der Erde führt, wo seine Fähigkeiten am wirkungsvollsten genutzt werden können. Dieselbe Kraft zieht auch die »richtigen« Menschen in sein Leben. Der Mensch trägt in sich die Vorstellung, sein Leben der Liebe zu Gott und zu seinen Mitmenschen zu weihen, zusammen mit den unendlichen Möglichkeiten, andere an seinem spirituellen Verständnis, seinen Gedanken, Worten und Werken teilhaben zu lassen. Sein Plan enthält auch die Anweisung, mehr zum Leben beizusteuern als zu entnehmen, also bewußt mehr ein Geber als ein Nehmer zu sein. Er wird begreifen, daß sein Wohlstand weder von Personen noch von Verhältnissen abhängt und die Ganzheit seines Körpers schon als vollkommene Körper-Idee vorhanden ist.

So wie sich der göttliche Plan als ›richtiger‹ Platz manifestiert, wird er große Befriedigung in seiner Lebensarbeit finden und seine Verantwortungen mit Freude und Begeisterung erfüllen. Er wird in allen Beziehungen die ›goldene Regel‹ befolgen, und so finden Ordnung und Harmonie auf jedem Gebiet seines Lebens sichtbaren Ausdruck. Er wird sich vollkommen, ganz, heil fühlen, sowohl spirituell, emotionell, mental als auch körperlich. Und seine Welt wird diesen vollkommenen Gleichklang zum Ausdruck bringen.

Dein ›richtiger Platz‹ ist die Tätigkeit des vollen Lebens! Wenn du dieses Gefühl des Lebendigseins in deinem Leben nicht empfindest, dann mußt du eine Inventur deines Bewußtseins vornehmen. Um das zu tun, solltest du deine Welt anschauen. Betrachte dein Leben. Wenn es nicht ganz und vollkommen ist, dann befindest du dich nicht in Einklang mit deinem göttlichen Plan. Dann liegst du daneben. Und wenn du daneben liegst, bist du nicht an deinem richtigen Platz.

Mach auch innerlich Inventur. Welches ist dein drängendster Wunsch in deinem Arbeitsleben? Verspürst du ein inneres Drängen, eine Herzens-Sehnsucht nach einem Wechsel? Wehre dich nicht gegen Veränderungen. Nutze jedoch gleichzeitig dein kritisches Urteilsvermögen, deine Fähigkeit, die Dinge zu beurteilen. Folge dem Ruf deines Herzens, doch sei weise. Gott hat den Kurs festgelegt, und Er wird dich am flachsten Punkt über den Fluß führen. Oder Er stößt dich ins tiefe Wasser, wird dich dann aber sicher hinüberleiten und dich dabei vor der Furcht aus dem Strom des Rassendenkens schützen. Folge nur deiner inneren Führung, deiner Intuition – mit Zuversicht und friedvollem Herzen.

Ja, das gibt es, daß ein Mensch sich in einem bestimmten Beruf oder in einer bestimmten Gemeinschaft völlig fehl am Platz fühlt. Wenn diese Unzufriedenheit anhält, wenn es sich um keine Laune oder vorübergehende Stimmung handelt, dann sollte der Mensch aufwachen und nach innen lauschen. Doch die Führung, die Anweisung muß stets in einem Bewußtsein von Liebe empfangen werden. Sonst wird die Führung falsch verstanden – und möglicherweise handelt er dann zu früh. Er muß seinem Herzen die Liebe entströmen lassen und jedem ohne Ausnahme die Energie der Liebe schenken. Liebe öffnet den göttlichen Kanal der Kommunikation durch Auflösung der Furcht, die diesen Kanal verstopft hielt. Ohne das Bewußtsein der Liebe wird ein Mensch seinen wahren Platz nicht finden.

In diesem Bewußtsein der Liebe muß der Mensch der inneren Führung auf den Buchstaben genau folgen. Er soll die Anweisungen nicht analysieren, sondern sie lediglich befolgen. Er muß handeln! Zögert er, um zu bewerten und die Dinge vor sich herzuschieben, wird der gesamte Ablauf, der für ihn vorbereitet wurde, zusammenbrechen. Er wird sozusagen ›den Zug verpaßt‹ haben, und obwohl es natürlich noch weitere Züge gibt, warum sollte er auf Gottes reichsten Segen warten?«

Frage: Was ist, wenn ein Mensch nicht weiß, was er tun soll – er weiß nur, daß er das, was er augenblicklich macht, nicht gerne tut?

Andrews: »Es ist ganz gleich, was er tun will. Sein Gott-Selbst weiß, was Es tun möchte, und das ist das einzig Wichtige. Der göttliche Plan eines Einzelwesens, der als ›richtiger‹ Platz zum Ausdruck kommt, ist Teil des GESAMTEN Plans zur Heilung des Gefühls der Trennung. Um das Bewußtsein der Kindschaft wieder herzustellen, muß jeder Mann, muß jede Frau in der Lage sein, sich bewußtseinsmäßig zu entwickeln. Um das Bewußtsein zu entwickeln, muß ein Mensch vollkommen mit dem Universum übereinstimmen. Der Geist in dir weiß ganz genau, wo dieser Lichtkreis sich befindet, er wird deinen Weg ebnen. Er tut sogar noch mehr, Er führt dich hin!

Der Lichtkreis, der sich zum Ausdruck bringende göttliche Plan, gibt uns die Gelegenheit, auf angenehme Weise zu wachsen. Befinden wir uns jedoch außerhalb dieses Kreises, dann geht dieses Wachsen nur mit Widerständen vor sich. Die Wahl liegt bei uns selbst. Doch entfalten werden wir uns, auf diese oder eine andere Weise, denn das Licht der Einheit allen Lebens läßt sich nicht zurückhalten.

Unsere Lebensarbeit in diesem Kreis mag gar kein Beruf oder keine Karriere im üblichen Sinne sein. Doch welche Rolle, welche Aufgabe, welche Verantwortung wir auch immer übernommen haben, für uns ist es eine Möglichkeit, unsere besonderen Fähigkeiten in den Dienst unserer Mitmenschen zu stellen. Vielleicht fühlt ein Mensch, der eine Arbeit ausführt, die seinem tiefen Herzenswunsch entspricht, daß die Vergütung für diese Dienstleistung sich unterhalb der Höhe finanzieller Freiheit bewegt. Da erhebt sich die Frage: Worauf richtet dieser Mensch seine Aufmerksamkeit? Gott ist die einzige Quelle unserer Versorgung, unseres Wohlstandes, doch wenn wir unsere Arbeitsstelle als diese Quelle ansehen, dann bleiben uns andere Kanäle verschlossen. Denken wir daran ... der göttliche Plan eines jeden Menschen umfaßt erfolgreiches Dienen, reichliche Versorgung, ideale Beziehungen, strahlende Gesundheit, alles in göttlicher Atmosphäre von Frieden, Liebe, Freude, Erfüllung und Freiheit.«

Frage: Was müssen wir tun, jeder einzelne von uns, um den göttlichen Plan für unser Leben zu manifestieren?

Andrews: »Da, wo wir sind, sollten wir mehr geben. Widme deine ganze Aufmerksamkeit der Aufgabe, die du jetzt innehast, erfülle jede Verantwortung mit freudigem Enthusiasmus. Wirf dich in das Leben hinein, indem du Gott und deinen Mitmenschen dienst, so gut du es vermagst. Je mehr du gibst, um so mehr liebst du, und je mehr du liebst, um so mehr gibst du. So arbeitest du mit dem Gesetz. Denke immer daran, daß die Tätigkeit des Gesetzes von zwei Dingen abhängig ist, wie uns Jesus gelehrt hat... Du sollst den Herrn, deinen Gott lieben aus deinem ganzen Herzen, aus deiner ganzen Seele und mit deinem ganzen Denken. Das ist das erste und oberste Gebot. Das zweite aber ist diesem gleich. Du sollst deinen Nächsten lieben wie dich selbst (als dein Selbst). Von diesen beiden Geboten hängen alle Gesetze und die Propheten ab.

Ist dir dein göttlicher Plan noch nicht bewußt geworden? Der göttliche Plan für dein Leben IST der innewohnende Christus, dein spirituelles Wesen, dein Superbewußtsein, dein HERR. Du kannst den Geist nicht von der Tätigkeit des Geistes trennen. Die göttlichen Ideen, die den Plan deines Lebens repräsentieren, befinden sich im Denkbereich deines spirituellen Bewußtseins. Dies ist dein Christus, der sich als Ausdruck erkennt! Wenn du den Christus ›anziehst‹ durch die Liebe zu Christus und den Mitmenschen, zu deinem Nachbarn, dann verkörperst du diesen Ausdruck. Erkennst du dein wahres Wesen, dann manifestiert sich dieses Wesen durch dich als dein richtiger Platz im Leben.

Es ist ganz unmöglich, spirituell ›am richtigen Platz‹ zu sein, aber in der Welt den falschen Platz einzunehmen. Wir können einfach nicht spirituell reich und materiell arm sein. Wir können uns nicht spirituell wohl und körperlich krank fühlen. Wir können nicht die Liebe Gottes zum Ausdruck bringen und gleichzeitig unharmonische Beziehungen erfahren.

Die Antwort? Das Licht Gottes in uns, unser ›wahres Selbst‹ ist die Antwort. Setze dich in täglichen Gebeten und Meditationen damit in Verbindung. Bejahe mit Glauben und Überzeugung, daß Christus in dir sich jetzt in deinem Herzen, in deinem Fühlen, in deinem Körper, in deinen Angelegenheiten manifestiert. Sprich das Wort, daß du *jetzt* an deinem richtigen Platz bist, dem göttlichen Plan entsprechend, der in so liebevoller Weise besonders für dich erstellt wurde.

Arbeite in einem Bewußtsein von Liebe mit dem Gesetz, und du wirst leicht und in wunderbarer Weise zu dem Kreis des Lichtes geführt werden, wo dein Königreich auf Erden schon jetzt so ist ›wie im Himmel‹.«

Beschreibung unserer Aufgabe

In Teil I haben wir gesagt, daß das Bewußtsein der Welt sich sehr rasch auf die *kritische Masse* zubewegt. Wird die dann folgende Kettenreaktion, die für 1987 vorhergesagt ist, spirituell oder tödlich, positiv oder negativ sein? Das hängt von jedem einzelnen von uns ab. Wenn wir Mitglied der »Planetarischen Kommission« sind und alles tun, um unser eigenes Bewußtsein zu verändern, dann beginnen wir damit, einige der dunklen Ecken der negativen Energie des kollektiven Bewußtseins aufzubrechen. Durch unsere gemeinsamen Anstrengungen am 31. Dezember 1986 (und dann am Letzten eines jeden Monats) können wir buchstäblich das Licht der Welt entzünden, alle Dunkelheit auflösen und das Neue Zeitalter der Spiritualität auf dem Planeten Erde einleiten.

Da das, was wir heute sehen, das Ergebnis unserer Vergangenheit ist, haben wir die geschichtlichen Unterlagen der Vergangenheit betrachtet und sind dem Pfad des Abstiegs in das sterbliche Bewußtsein bis zur heutigen Zeit gefolgt. Nun können wir die Türen hinter der Vergangenheit schließen, mit Liebe und Vergebung alles freilassen, was gewesen ist, und die Zukunft dem göttlichen Plan entsprechend mitgestalten.

Auf dem ganzen Erdkreis sammeln sich die Lichtträger für diese Mission. Um ein dynamischer und aktiver Teilnehmer zu sein, mußt du deinen Meisterplan für diese Inkarnation verstehen. Inzwischen wirst du angefangen haben zu begreifen, warum du hier bist und welche besondere Aufgabe du hast, um deinem Denken eine neue Richtung zu geben und dein Bewußtsein zu erneuern. Jetzt wird das volle Ausmaß deines göttlichen Plans sichtbar. Gespannt wartest du auf dieser Weltbühne auf deinen Auftritt als der Meister, zu dem du geschaffen wurdest.

Dies führt uns zum Teil II dieses Buches – zum *Arbeitsbuch der Selbstmeisterung*. Anstatt nun die Kapitel auszuwählen, die sich auf deine wichtigsten Herausforderungen beziehen, schlagen wir vor, daß du zunächst den ganzen zweiten Teil liest, dann wieder von vorne beginnst und so lange mit jedem einzelnen Kapitel arbeitest, bis du seinen Inhalt ganz tief in deinem Innern bejahen kannst, also subjektiv verstehst, was mit diesen Gedanken gemeint ist. Dann beginnst du mit der Praxis und lebst diese Prinzipien in deinem täglichen Leben. Denke daran... kein anderes »humanes« Wesen kann dir eine Abkürzung zum Gipfel des Berges zeigen. Es gibt nur den einen Führer, den einen Lehrer, den einen Meister in deinem Leben... und das ist die göttliche Realität in deinem Innern, dein spirituelles Selbst. Die Kapitel im II. Teil dienen lediglich dazu, dir bei der Wiederentdeckung deines Selbst zu helfen und das Selbst als die Erfüllung eines jeden Wunsches, die Antwort auf jedes Bedürfnis und die Lösung eines jeden Problems zu erkennen.

Teil II

Arbeitsbuch zur Selbstmeisterung

»Und stellet euch nicht dieser Welt gleich, sondern verändert euch durch Erneuerung eures Sinnes...«

Römer 12:2

PLANETARISCHE KOMMISSION ZUR HEILUNG DER WELT

Erkenne dich selbst

(Erkenne dein Selbst)

In deinem sterblichen Schlummer hast du auf der Suche nach dir selbst das Grenzland häufig überschritten. Intuitiv erkanntest du, daß du dich auf einer Reise befindest, um eines Tages das Ziel zu erreichen und dann vollkommen zu deinem wahren Wesen zu erwachen.

Im unsichtbaren Bereich fandest du weder einen Himmel noch eine Hölle; dein Bewußtsein war das gleiche wie auf der materiellen Ebene, nur war jetzt die Unbequemlichkeit von Zeit und Raum aufgehoben. Aus den Lehren der Meister erhaschtest du einen Blick auf das Selbst, als das du geschaffen wurdest, und du wußtest, daß deine Seele sich auf dem Wege der Entfaltung befand und strebtest dem letztendlichen Augenblick der Christuserfahrung zu. Wissend, daß die Wechselwirkung deiner Gedanken, Gefühle und deines körperlichen Wesens die Entwicklung der Seele beschleunigen, entschiedst du dich für eine neue Inkarnation auf der physischen Ebene. Und nun bist du hier, du suchst deine Antwort, willst Lösungen finden, hältst Ausschau nach dem wunderwirkenden Balsam, der deine Krankheit in Gesundheit verwandelt, deinen Mangel in Wohlstand, Mißklang in Harmonie. Du hast gebetet, meditiert, verneint und bejaht. Du hast dir ein Bild von deinem Guten gemacht, das Wort gesprochen und weiter gekämpft. Einige haben sich über den Bereich der Illusion erhoben und die Wirklichkeit gesehen. Andere fanden die Tür zum inneren Königreich nur leicht geöffnet, und ein Lichtstrahl drang in das Bewußtsein ein. Damit war der Kanal für das Ausströmen des Guten geöffnet, nur um durch die Furcht wieder geschlossen zu werden. Aber auch wenn nur ein Teil des Lichtes den Weg zu uns fand, erschien das benötigte Geld, die Heilung fand statt, eine Beziehung wurde harmonisiert, die

Arbeitsstelle gefunden. Aber warum sollten wir mit nur zeitweiser Erleichterung und Hilfe zufrieden sein? Warum sollten wir uns mit Brosamen begnügen, wenn wir am Fest selbst teilnehmen können, das uns von Anbeginn der Zeit bereitet ist?

Da im Wissen um dein wahres Wesen der Schlüssel zum Vorratshaus des Lebens liegt, wollen wir kurz innehalten und überlegen, »wer« und »was« du bist.

Erinnere dich daran, daß deine wahre Seele Gott ist, der sich *als* du zum Ausdruck bringt. Es ist der Selbst-Ausdruck deines hohen Selbst, des Universalen Ich, des Christus. In deinem ursprünglichen Zustand kannte dein Bewußtsein nur den Geist im Innern, den du als das Absolute deines Wesens erkanntest, als einzige Realität, als schöpferische Ursache alles Guten. Dein Körper bestand aus strahlender Substanz, eine unsichtbare Lichtform aus reiner Energie.

Als du auf der materiellen Ebene zu wohnen begannst und einen Körper annahmst, wurde ein Teil deines Seelenbewußtseins auf eine niedrigere Schwingungsebene gebracht, um auf der dreidimensionalen Ebene leben und funktionieren zu können, doch für eine Weile gab es weder das Gefühl der Dualität noch der Bewußtseinstrennung, und die Seele diente dem schöpferischen Wirken des Geistes als Kanal. Weil es dem Wesen des Geistes entspricht, für immer im Absoluten zu verbleiben, wurde die Seele (das spirituelle oder Christusbewußtsein) der göttliche Dolmetscher, der die Ideen des Geistes dem Innersten entnahm und sie als Form und Erfahrung in die materielle Welt übersetzte. Du lebtest in der Gnade – in der Liebe Gottes, die sich durch dich zum Ausdruck brachte.

Doch mit der Zeit war sich der niedriger schwingende Teil der Seele nur noch des festeren physischen Körpers auf der dreidimensionalen Ebene bewußt. Aus dem Bereich der Gnade stiegst du hinab zur Ebene des Karma und fielst unter das Gesetz von Ursache und Wirkung. Da die hohe Seele als Christusbewußtsein eins blieb mit dem Geist, während der niedriger schwingende Teil der Seele tiefer in die Dunkelheit des sterblichen Ego fiel, entwickelte sich das Gefühl der Trennung.

Du verstehst nun, warum du dein Christus-Gewahrsein wiedergewinnen mußt, das Seelenbewußtsein, das dein ist seit Anbeginn. Das Licht des göttlichen Dolmetschers ist eine Flamme in den Tiefen deines Bewußtseins, die niemals ausgelöscht werden kann – doch wenn du dein Denken erneuerst, die Schwingung deines Energiefeldes veränderst und dein Bewußtsein erhebst, um die Pracht und die Herrlichkeit deiner Seele zu erfassen, dann kann dieses Licht entfacht werden in ein allverbrennendes Feuer von Kraft und Meisterschaft.

In einer meiner kontemplativen Meditationen sprachen die Gedanken, die in mir auftauchten, über die höhere Seele: »Als Jesus sagte ›Ich bin der Weg‹, war es nicht seine Persönlichkeit, sondern sein hohes Selbst, das Christusbewußtsein, das, was ICH BIN: Und als er meinte: ›Niemand kommt zum Vater als durch mich‹, war das wieder die Stimme des spirituellen Ego. Und wieder sprach Jesus aus seiner göttlichen Seele: ›Kommt zu mir.‹ Er sagte nicht, kommt *durch* mich. ›Wenn das geschieht, dann findest du den Geist, denn die Fülle Gottes wohnt in mir.‹ Deshalb sind wir aufgefordert, ›unser Selbst‹ zu erkennen. ›ICH BIN dein Selbst, der zum Ausdruck gebrachte göttliche Wille. Wenn du mich erkennst, dann wirst du eins mit mir. Wenn du eins mit mir bist, dann bist du eins mit Gott.‹«

Vielleicht verstand ich in diesem Augenblick – wie niemals zuvor –, daß ich in Wahrheit ein Bestandteil des Ganzen bin. Ich begann über meinen physischen Organismus und das alldurchdringende Energiefeld meines Lichtkörpers zu kontemplieren – und dann wandte sich meine Aufmerksamkeit zunächst meinem bewußten Denken zu –, dann meinen Gefühlen und den Erinnerungen, die auf der unteren Ebene des Schwingungsbewußtsein mit dem Gesetz von Ursache und Wirkung zusammenarbeiten. Als ich mich höher schwang und noch tiefer eintauchte, fand ich auf dieser inneren Reise meine Seele, fand ich den Gedanken des Geistes über Sich Selbst, der sich jetzt manifestiert zum Ausdruck brachte; den Geist, der in Jesus Christus lebte, das Überbewußtsein meines individualisierten Seins. Als ich den Bereich der Seele in tief spirituellem Bewußtsein betrat, wurde mir die universale Christusgegenwart, das absolute Selbst, das ich bin – und das Selbst, das du bist – ALS EIN SELBST bewußt. Und ich verstand, daß ich du bin und du ich bist und wir beide eins sind, denn es gibt nur die *eine* Gegenwart. Dies ist die alles verbindende Gotteskindschaft, die Christusgegenwart in allen Menschen, das erzeugerische Element aller Seelen durch alle Schöpfung.

Jeder von uns muß sich aus der niedrigeren Schwingung der Seele zum strahlenden Licht des hohen Selbst erheben. Dies ist das königliche Bewußtsein, das uns sagt: »Niemand kommt zum Vater denn durch mich.« So wollen wir also dieses Bewußtsein in uns finden. Laßt uns die Türe öffnen und hineinschreiten in die wahre Gegenwart des Christus, und dort, in der Allgegenwart des Geistes, wird jedes Gefühl des Getrenntseins geheilt. Dann vermögen wir mit wahrem spirituellem Verständnis zu sagen: »Ich und der Vater sind eins, daher bin ich eins mit jeder Seele auf jeder Ebene des Lebens. Die Illusion der Trennung ist vorüber. Es gibt nur noch die Realität des Einsseins.« Dies ist der Augenblick wahren Christentums. Und durch dieses *zweite Kommen* in den Gedanken und Herzen der Männer und Frauen auf der ganzen Welt wird der Planet selbst erhoben auf eine neue Dimension der Ganzheit.

Doch ein nur intellektuelles Gewahrsein der individualisierten Hierarchie unseres wahren Seins wird uns wenig nützen. Wir müssen die Wahrheit *fühlen*, wir müssen die Wahrheit *wissen*, wir müssen die Wahrheit *sein*! Deshalb trägt der erste Meilenstein auf dem spirituellen Pfad die Bezeichnung »Erkenne dich selbst.« Der Grund für diese Ermahnung: Wir können unser Bewußtsein nicht zum universellen Bewußtsein erweitern, bis wir das wahre Wesen des Individuums richtig erfassen und begreifen.

Die restlichen Kapitel dieses Buches dienen dazu, unser denkendes und fühlendes Gemüt umzuschulen und zu erneuern, damit ein jeder von uns *alles* sein kann, zu dem er erschaffen wurde. Dabei sollten wir dann ein für allemal die Gesetze verstehen lernen, die ein freudvolles, liebevolles, friedvolles, reiches, erfolgreiches, erfüllendes und freies Leben auf diesem Planeten bewirken ... und uns bewußt werden, daß wir buchstäblich das kollektive Bewußtsein verwandeln, wenn wir unser eigenes Bewußtsein erhöhen und erweitern.

4. KAPITEL

Deine persönliche Welt

1. Was gehört denn in *deine* Welt? Beginnen wir mit dem Körper – dem wohl sichtbarsten Teil – und fahren wir fort mit der Familie, dem Wohnort und der Umgebung, in der du lebst, deiner Arbeit oder Karriere, deinem Einkommen und deinem Besitz, den Menschen, mit denen du arbeitest, denke auch an deine Freunde und die sozialen Aktivitäten, an die Gemeinde, in der du lebst.

2. Was du bei dieser Inventur »deiner persönlichen Welt« siehst, sind *Ideen* deines Bewußtseins, die sich auf der dreidimensionalen Ebene zum Ausdruck gebracht haben. Es sind *deine* Vorstellungen – und jede einzelne davon ist nicht mehr oder weniger als ein begrenzter Glaube, der auf der materiellen Ebene sichtbar wurde. Jeder Mensch in deinem Leben ist genau da nach dem Gesetz des Bewußtseins, und du teilst mit diesen Menschen einen mentalen oder physischen Raum durch positive oder negative Anziehung. Selbst deine Kinder hast du deinem Bewußtsein entsprechend ausgewählt.

3. Alles wird aufgrund der Schwingung deines Energiefeldes von dir angezogen oder abgestoßen, und diese Vibration wird gebildet durch deinen Glauben und deine Überzeugungen. Demzufolge ist auch nichts in deinem Leben am falschen Platz oder in Unordnung. Alles ist vollkommen – entsprechend deinem Bewußtsein und der Auswirkung des Gesetzes. Deine Welt ist der Spiegel deiner Gedanken, Gefühle, Vorstellungen – die sich alle in materieller Form und als Erfahrungen zum Ausdruck bringen.

4. Gefällt dir, was du siehst? Du bist der Architekt und der Bauherr. Deine Welt entspricht genau den Spezifikationen deines Bewußtseins. Du hast deine Welt entworfen und geschaffen. Selbst wenn du ein

»Gesundheitsapostel« werden würdest, um einen gesünderen Körper zu bekommen, und dann von deinem Ehepartner, deinem Heim, dem Job, den Freunden und allen momentanen Lebensumständen fortläufst und die Vorstellung hast, in einer neuen Stadt, einem neuen Land ganz von vorne wieder anzufangen, du würdest doch mit der Zeit ein fast genaues Duplikat deiner früheren Welt erfahren. Du kannst deiner Welt einfach nicht entrinnen, weil es keinem gelingt, vor sich selbst davonzulaufen. Du schaffst es nicht einmal, wenn du deinen Körper zerstörst, denn dein Bewußtsein nimmst du mit.

5. Wenn du mit dem gleichen Bewußtsein, das deine ursprünglichen Probleme hervorgerufen hat, herumläufst, um deine Welt »in Ordnung« zu bringen, dann verschlimmerst du nur die ganze Situation. Die Veränderung deiner Welt gelingt dir nur dann, wenn du vorher dein Bewußtsein erneuerst. Du mußt von innen her ein neues Gewahrsein, Verständnis und eine neue Kenntnis des Universums, der Kraft, die dich erhält und des wahren Wesens deines Selbst entwickeln. Und mit jedem Grad deiner Bewußtseinsänderung zeigt sich die Realität deutlicher in deinem Leben.

6. Sieh es einmal so: Was du jetzt in deinem Leben erfährst, sind deine begrenzten Vorstellungen, die auf der materiellen Ebene sichtbar wurden. Hinter dem, was du siehst, liegt jedoch das, was der Geist sieht, und diese unendliche Vision konstituiert die Wirklichkeit. Zum Beispiel kennt der Geist nur einen strahlend gesunden Körper, deshalb ist auch nur dieser vollkommene Körper das Abbild der Wirklichkeit, und wenn dein Bewußtsein mehr und mehr in Harmonie mit dem Geist ist, dann zeigt auch dein Körper das Abbild dieser höheren Vorstellung.

7. Das gleiche gilt natürlich für ALLES in deinem Leben, in deiner Welt. Die unendliche Vollkommenheit allen Seins liegt auf ewig unseren begrenzten Vorstellungen zugrunde. Jenseits der Illusion ist immer die Realität.

8. Schaue dir deine Beziehungen an. Aus deiner Sicht betrachtet mag es da Spannung, Durcheinander und Reibung geben, doch aus höherer Sicht gibt es nur Liebe, Harmonie und Frieden. Wie harmonisiert man nun eine Beziehung? Nun, mit dem »anderen« brauchst du nichts zu tun, du kümmerst dich nur um dich selbst. Meditation und spirituelle

Behandlung werden dir helfen, eins zu werden mit der inneren Wirklichkeit, so daß die Illusion der Mißstimmung sich auflösen kann.

9. Und was ist mit Geld? In und um und durch alle deine finanziellen Dinge liegt die Wahrheit verschwenderischer Fülle, aus höchster Sicht ist ausreichende Versorgung für alle deine Bedürfnisse vorgesehen, so daß genügend übrig bleibt, um zu sparen und andere an deinem Wohlstand teilhaben zu lassen. Wenn du Mangel siehst, Begrenzungen und Unzulänglichkeiten, dann schaust du auf die Illusion. Doch wenn die Schwingungen deines Bewußtseins spiritueller werden, und du begreifst, daß der Geist in deinem Innern als deine Versorgung erscheint, dann wird der Schatten des Mangels sich auflösen und aufhören zu sein.

10. Selbst dein Heim und dein Wagen sind lediglich *deine* Vorstellungen eines Ortes, an dem du lebst, oder einer Bewegungsmöglichkeit. Stellen diese Dinge einen Ausdruck des höheren Bewußtseins dar? Gibt es Schönheit, Bequemlichkeit, genügend Wohnraum, Harmonie und totale Zuverlässigkeit? Durch deine Einheit mit dem Geist, *deinem* Geist, werden die trügerischen Beschränkungen entfernt. Und wenn auch die »Form« des Hauses oder des Wagens immer noch aus begrenzter Materie besteht, so wird die *Erfahrung* eines frohen Lebens und glücklichen Autofahrens doch der Geist sein, der als neue Realität in Erscheinung tritt.

11. Die Mehrzahl der Menschen auf dem Planeten heute sieht nur die Welt der Täuschung, der Illusion, denn sie lebt aus den niedrigeren Schwingungen und negativen Energien des unteren Selbst, des Egos. Was meinen wir mit Täuschung? Betrachten wir Krankheit, Leiden, Mangel, Begrenzungen, Armut, Hunger, Arbeitslosigkeit, Konflikte, Kriminalität, Krieg, Unfälle, Tod. Wie kommen wir dazu, diese doch offensichtlich als real erscheinenden Erfahrungen als Täuschung zu bezeichnen? Alle diese Erfahrungen sind nicht der Wille Gottes für uns – und nur das, was den kosmischen Drang zum Ausdruck bringt, ist wirklich.

12. Wie erheben wir uns über die Illusion in die Wirklichkeit? Indem wir zu unserem wahren Wesen erwachen... indem wir mit dem hohen Selbst in Einklang kommen und diesem Selbst *erlauben*, als jede notwendige Erfahrung oder jede notwendige Sache in unserem Leben in

Erscheinung zu treten. Erkennst du die Einheit mit dem Geist Gottes in deinem Innern, dann wird sich »deine persönliche Welt« dramatisch verändern, deine materiellen Erfahrungen auf Erden werden eine neue Schwingung annehmen, eine Schwingung, die die höhere Sicht widerspiegelt. Du wirst einen neuen Garten mitgestalten, und das Licht, das aus deinem Garten scheint, wird harmonisierenden Einfluß auf die übrige Erde haben.

Dein spirituelles Programm

Trage jetzt in dein spirituelles Tagebuch alles und jedes ein, was deiner Meinung nach in »deine« Welt hineingehört. Denke dabei an deinen Körper, die Menschen in deiner Umgebung, deinen Arbeitsplatz – deine Erfahrungen, Verhältnisse und Situationen, in denen du Einfluß ausübst, und solche, in denen du den Einfluß anderer Menschen spürst. Wenn du diese Liste fertiggestellt hast, betrachte sie aus diesem Gesichtspunkt: »*Meine Welt ist lediglich mein Bewußtsein, das sich auf dem Bildschirm des Lebens zeigt, und alles, was nicht in vollkommener Harmonie erscheint, ist nicht der Wille Gottes – und ist daher nicht wirklich.*«

Betrachte als nächstes die einzelnen Teile deiner Welt, d. h. deinen Körper, die Beziehungen, Finanzen, Arbeit usw., und kontempliere jeden Teil für sich. Benutze dazu dein geistiges Auge und erkenne in deinem Herzen die dahinterliegende Realität des göttlichen Bildes – erkenne die Wahrheit, die in, um und durch diese besondere Phase deines Lebens wirksam ist. Sieh diese Wahrheit als strahlendes Licht, das die ganze Situation oder das Verhältnis durchflutet und erkenne, daß dieses Wirken Gottes der göttliche Wille ist, der sich zum Ausdruck bringt.

Verweile mehrmals täglich – zu unterschiedlichen Zeiten – einige Minuten dabei, die glorreiche Wahrheit totaler Erfüllung in dem Wissen zu kontemplieren, daß du mit dem Gesetz zusammenwirkst, um deine persönliche Welt völlig zu verwandeln, wenn du dein Bewußtsein erhebst und hinter den Schein siehst.

5. KAPITEL

Die Christus-Verbindung

1. Du bringst immer das Bild dessen zum Ausdruck, als was und wie du dich selbst siehst. Erkennst du dich als menschliches Wesen, dann wirst du genau diese Erfahrung machen. Doch akzeptierst du für dich den Gedanken, ein spirituelles Wesen zu sein, ein individualisierter Teil Gottes, und beginnst damit, diese Idee jeden Augenblick eines jeden Tages zu *leben*, dann wird deine ganze Welt einen anderen Klang, eine andere Form annehmen.

2. Formulieren wir diese Vorstellung, diese Idee, mit anderen Worten: *Das Wesen Gottes ist jetzt als ich individualisiert. Ich bin der Selbst-Ausdruck Gottes. Ich bin die Gegenwart Gottes da, wo ich bin. Ich bin der Christus, Sohn des lebendigen Gottes.*

3. Dies ist der *Christus*-Gedanke, von dem wir sprechen – und diese Vorstellung wird uns helfen, uns über die Schwierigkeiten, Herausforderungen und Kümmernisse des menschlichen Daseins zu erheben. Dein menschliches Bewußtsein muß damit beginnen, diesen Christusgedanken einzusetzen, damit es den ursprünglichen Zustand der Vollkommenheit wieder erfahren kann.

4. Aus dem Gedanken heraus zu denken und zu leben, daß du Gott bist, der sich durch dich zum Ausdruck bringt, und alle Macht Gottes zur Verfügung hast, bedeutet, dein »Bewußtsein in der Spiritualität anzusiedeln«. Wenn du die Christus-Gedanken aufnimmst, dann setzt du keinesfalls eine Maske auf und tust so als ob. Eine Maske ist eine Tarnung, eine Verkleidung. Du willst jedoch dein wahres Wesen zum Vorschein bringen. Denke daran, daß es eine Zeit gab, wo dein ganzes Bewußtsein sich als eine Manifestation Gottes erkannte, und auch dann noch, als du dich mit einem Sinnenbewußtsein umhülltest, blieb dein

spirituelles Ego, das Christus-Bewußtsein, frei, und Es ist jetzt als eine Liebesschwingung innerhalb deines Energiefeldes konzentriert.

5. Ein weiterer wichtiger Punkt: Direkt im verdunkelten Teil deines unteren Selbst, begraben unter Schichten des Bewußtseins der Sinne, liegt eine *Erinnerung* ... eine leise geistige Ahnung, eine *Vorstellung* davon, was du einmal warst. Wenn du nun sagst: »Ich bin der Sohn Gottes. Gott ist jetzt ich ... Gott bringt sich durch mich zum Ausdruck«, dann frischst du nur deine Erinnerung auf. Du stimmst dem zu, was du tief in deinem Innern bereits weißt!

6. Wenn du nun die Meisteridee dessen, wer und was du bist, in Worte faßt, dann wird dieser Gedanke zunächst von deinem intellektuellen Bewußtsein erfaßt und sinkt dann in dein Gemüt (Unterbewußtsein). Dem Gesetz der Anziehung entsprechend sucht nun die Idee ähnliche Gedanken in den Schubladen deiner Erinnerung (Unterbewußtsein), hängt sich rasch daran an, und diese alte Erinnerung wird wach – und durch dieses »Erwachen« wird dein bewußtes Denken mit neuem Verständnis erleuchtet.

7. Wenn du zu verstehen beginnst, wer und was du bist, dann ist das ähnlich wie beim »verlorenen Sohn«, der zu sich selbst fand. Deine Erinnerung ist angeregt, und der Erwachungsvorgang hat begonnen. Wird dieser Vorgang fortgesetzt bis in dein denkendes und fühlendes Gemüt hinein, dann nimmt dein Bewußtsein eine neue Schwingung an. In dir beginnt die Energie der Christus-Idee zu denken und sich selbst als göttlichen Gedanken, als eine Vorstellung zu erkennen, die zu deinem hohen Selbst, zu deinem Überbewußtsein *in Beziehung* steht. Und so sagt die Christus-Idee zu sich selbst: »Ich will mich erheben und zu meinem Vater gehen.« Und diese Vorstellung bewegt sich durch die inneren Bewußtseinsräume, durch die Wände und Schichten des fehlerhaften Denkens und des falschen Glaubens, durch die Schichten verhärteter Abbilder von Furcht und Zweifel.

8. Und wenn auch der Weg der Christus-Idee bis »nach Hause« noch sehr weit ist, so wird sie doch vom wahren Wesen, der Christus-Wahrheit im Innern, erkannt, und sie geht ihr entgegen. »Und als er noch in großer Ferne war, sah sein Vater ihn, hatte große Freude, lief ihm entgegen und herzte und küßte ihn.« Damit ist gemeint, daß die

Christus-Idee sich durch das Bewußtsein auf die Wahrheit im Innern zubewegt, das hohe Selbst zu leuchten beginnt und der göttlichen Idee entgegengeht. Der »Kuß« bedeutet die Vereinigung des menschlichen Bewußtseins, das sich als Christus-Idee zum Ausdruck bringt, mit dem Christus-Bewußtsein des hohen Selbst. Das ist die Erkenntnis. Das ist die Erfahrung. In diesem herrlichen Augenblick verschmelzen beide Lichter zu einem, und dein Sein ist erfüllt vom Licht der Wahrheit. Du bist neu geboren.

9. Spürst du, wie die Erkenntnis deines wahren Wesens dein Leben verändern kann? Sie verwandelt dein Denken, Fühlen und Handeln – und erneuert buchstäblich dein Bewußtsein. Wenn diese mystische Vereinigung mit dem Selbst stattfindet, dann wirst du zum »Christus« – und alle Macht Gottes kann durch ein Meisterbewußtsein wirken, und du lebst unter dem Gesetz der Gnade. Um Harmonie in deinen Beziehungen zu erfahren, brauchst du jedoch nicht bis zur vollen Erkenntnis deines wahren Wesens zu warten. Schon während die Christus-Idee den Heimweg durch die Bereiche des inneren Bewußtseins antritt, wirkt das spirituelle Gesetz von Ursache und Wirkung FÜR dich.

10. In Wirklichkeit sagt dir dieses Gesetz: »Wie immer du dich selbst siehst, so werde ich in deinem Leben und deinen Angelegenheiten zum Ausdruck gebracht. Wenn dein Gemüt zwischen göttlichem und menschlichem Denken hin und her schwankt, dann zeige ich diese Unentschlossenheit in deiner Welt. Doch wenn du den Gedanken lebst, daß Gott als du mit großer Freude, Liebe, Begeisterung und Hingabe in Erscheinung tritt, wenn du Herz und Gemüt ganz mit diesem göttlichen Gedanken füllst, dann bringe ich ohne Mühe alles in dein Leben, was diesen Vorstellungen entspricht. Wird dann diese Erfahrung in deinem Leben sichtbar und du beginnst unter der Gnade zu leben, dann ist alles in deinem Leben eine direkte Widerspiegelung der Christus-Wahrheit.«

11. Bis zu dieser Erfahrung, bis zu dieser Erkenntnis ist die Christus-Idee der innewohnende Christus. Diese Idee versinnbildlicht das göttliche Potential. Sie ist das Christkind, das im Stall deines unteren Selbst geboren ist. »Uns ist ein Kind geboren, ein Sohn ist uns

geschenkt, und die Herrschaft der Erde ruht auf seinen Schultern.« Und die Herrschaft deines Lebens *wird* auf Seinen Schultern liegen, denn die Christus-Idee wird das Gesetz lenken und es vor dir hersenden, um jeden krummen Weg zu begradigen!

12. »...und sein Name wird sein der Wunderbare, Ratgeber, allmächtiger Gott, immerwährender Vater, Friedensfürst«. Wie können einer *Idee* diese heiligen Attribute Gottes zugesprochen werden? Denke einen Moment lang darüber nach. Das Gesetz besagt, daß alles, was im Bewußtsein gehalten wird, sich in der äußeren Welt zeigt. Demzufolge wird auch die Christus-Idee, auf die wir unsere Aufmerksamkeit gerichtet halten, einen geheilten Körper, Wohlstand in allen Angelegenheiten und die Wiederherstellung deiner Beziehungen bewirken. Ist das nicht wunderbar?

13. Die Christus-Idee symbolisiert die unendliche Intelligenz, daher wird das Gesetz dieses Wissen für dich umsetzen und deine Angelegenheiten lenken und regieren. Könntest du dir einen besseren Ratgeber wünschen? »Mächtiger Gott« bedeutet Kraft, und das Gesetz, das durch und als göttliche Idee im Bewußtsein wirkt, ist allmächtig. Es gibt nichts, was diese Kraft nicht für dich tun kann.

14. Der »immerwährende Vater« repräsentiert die göttliche Liebe; und das Gesetz, das durch diesen Aspekt der Christus-Idee tätig ist, wird alle Schwierigkeiten glätten und in reichem Maße Liebe in dein Leben ziehen. Der »Friedensfürst« wird dein Denken beruhigen, deine Gefühle besänftigen und ein Gefühl des Friedens in dir hervorbringen, das jedes Verständnis übersteigt. Die Christus-Idee ist das Christkind, das die Welt überwinden wird, *deine* Welt, und »des Anwachsens deines Reiches und Friedens wird kein Ende sein...«

Dein spirituelles Programm

Verweile heute zehn bis fünfzehn Minuten – in zwei Sitzungen – und kontempliere die folgenden Gedanken. Lausche sofort nach den beiden kurzen Meditationen nach innen und trage in dein spirituelles Tagebuch alle Ideen ein, die dann in dir auftauchen.

Der Geist Gottes ist da, wo ich bin, und ich bin mir stets Seiner Gegenwart bewußt. Dieser Geist, mein Geist, gebiert aus sich eine Vorstellung von sich selbst im Ausdruck. Ich bin diese manifestierte Vorstellung. Gott bringt sich als ich zum Ausdruck. Ich bin der Ausdruck Gottes. Ich bin der Christus.

Das Gesetz, die schöpferische Energie des göttlichen Gemütes, strömt durch das Vorstellungsbild, das ich augenblicklich lebe. Diese Idee ist der Christus, der Selbst-Ausdruck Gottes, der ich bin, und meine Welt wird zu einer Widerspiegelung dieser Vorstellung.

Da Christus das heilende Prinzip ist, so erneuert das Gesetz meinen Körper nach dem vollkommenen Plan.

Da Christus das Prinzip der Fülle ist, manifestiert sich jetzt ausreichende Versorgung zu meiner freien Verfügung.

Da Christus das harmonisierende Prinzip ist, werden alle meine Beziehungen in liebevoller Weise erneuert und gestärkt.

Ich bin jetzt die lebendige Wahrheit der Ganzheit und der Erfüllung. Und so ist es.

6. KAPITEL

Niemandsland

1. Wenn du dich durch die inneren Räume des Bewußtseins auf deine Einheit mit dem Selbst zubewegst, gelangst du zu einer Brücke, die du überschreiten mußt. Sie ist das Bindeglied zwischen der dritten und vierten Dimension. Auf dieser Brücke wirst du die noch vorhandenen Fehler in deinem Denken und die negativen Überzeugungen zurücklassen und die letzte Reinigung erfahren. Dies ist als »Niemandsland« bezeichnet worden, weil es sich dabei um den Punkt handelt, an dem man sich vom Ego trennt, bevor man sich bewußtseinsmäßig mit dem gesamten Selbst vereint.

2. Wenn deine Brücke sichtbar wird, mag es scheinen, als würde deine Welt ganz auf den Kopf gestellt. Der Grund liegt darin, daß du damit beginnst, alles loszulassen, was bisher in deiner dreidimensionalen Welt so sicher schien. Abhängig von dem Grad deiner Schwingung auf der unteren Ebene mag dein Ego sich für einen Kampf entscheiden, wenn du diese Brücke betrittst, und es wird alles nur Mögliche tun, um sich selbst zu retten. Wenn das erfordert, einen Geldmangel hervorzurufen, dann wird es genau das tun, denn durch diese Wirkung könntest du sehr wohl veranlaßt sein, wieder zum dreidimensionalen Denken zurückzukehren und die Kontrolle über diese Situation in die Hand zu nehmen, und damit säße das Ego wieder auf dem Thron der mentalen Welt. Ein anderer Wutanfall des Egos könnte den Anschein eines geschäftlichen Versagens bewirken, eine bisher erfolgreiche Karriere unterbrechen oder auch eine körperliche Krankheit hervorrufen. Das Ego möchte einfach zeigen, wer der Herr im Haus ist.

3. In der ganzen Welt wächst das Bewußtsein der Männer und Frauen bis hinaus in die höchsten Bereiche, und während sie sich dem

Grenzland des Königreiches nähern, gerät das Ego in totale Panik. Es weiß, wenn du die Brücke überschritten hast, wird seine Rolle im Geschehen der Dinge nicht mehr die des Meisters, sondern nur noch die des Dieners sein.

4. Doch erinnern wir uns der Geschichte des verlorenen Sohns. Wenn du die Brücke betrittst, dann wird der Christus in deinem Innern, der Geist Gottes in dir, sich auf dich zubewegen – und diese allmächtige Gegenwart kommt dir auf halbem Wege entgegen! Du brauchst die Reise durch das Niemandsland nicht alleine zu machen, sondern nur die Hälfte des Weges zurückzulegen, und genau in der Mitte wird dich das Licht erfassen und die immerwährenden Arme der Liebe, die dich umfangen, heben dich empor in die spirituelle Dimension.

5. Und wie navigierst du nun während der letzten Meile, wenn dein kleines Ego um sein Leben kämpft? Du übergibst dich Gott – ganz und gar. Du machst dir buchstäblich die Einstellung zu eigen – »mir ist alles egal«, – ganz gleich, was in der Welt um dich herum auch geschehen mag. Übergib *alle* Sorgen deines Lebens dem innewohnenden Christus – wissend, daß dein Gott-Selbst die Lösung eines jeden Problems, die Antwort auf jede Frage ist und dieser Geist dich niemals enttäuschen wird, weil dies gegen Gottes Wesen wäre!

6. In dem Büchlein »The Manifestation Process« (»Das Verfahren der Manifestation«) weise ich darauf hin, daß wir genau erkennen, wann wir uns wahrhaft Gott übergeben haben. Wir erkennen es daran, daß unser Bewußtsein völlig frei ist von Sorgen, Überlegungen und äußerlichem Druck. Die negative Energie ist dann ersetzt worden durch die positive Schwingung des Friedens, der Freude und der Zuversicht... Diese völlige Übergabe und diesen Gemütszustand zu erreichen, ist meist sehr viel leichter gesagt als getan, denn selbst wenn du alles tust, um dich der höheren Macht zu übergeben, kämpft das Ego mit aller Macht, um dich wieder auf das Schlachtfeld zu zwingen.

7. Völlige Übergabe bedeutet, nichts und niemandem zu widerstehen, keinen anzugreifen oder zu fürchten. Es bedeutet, du mußt den Mut besitzen – möglicherweise zum ersten Mal in deinem Leben – dein ganzes Vertrauen auf Gott und nur auf Gott zu setzen. Es heißt, an den

Allmächtigen zu glauben anstatt an das, was deine Gläubiger tun könnten... der Tätigkeit des Geistes zu vertrauen und nicht den scheinbaren Aktivitäten dieser Welt ... an die eine Ursache anstatt an die negativen Erscheinungen zu glauben.

8. Wenn deine Schecks platzen, die Gläubiger anrufen, dein Geschäft schlecht läuft, dein Ehepartner dich verlassen hat, die Kinder sich gegen dich wenden und dein Körper völlig zu zerfallen scheint, was ist dann das Schlimmste, was dir noch geschehen kann? Sterben kannst du nicht. Niemand wird dich lebendig aufessen. In Wirklichkeit kannst du nichts verlieren, denn alle materiellen Wirkungen können neu geschaffen werden. Und der einzige Mensch, für den du etwas tun kannst, bist du selbst. Warum und wovor hast du also Angst? Wenn deine Antwort anders lautet als »nichts« – dann spricht dein Ego.

9. Wenn du am Ende deines Seils angelangt bist, laß los, denn darunter befinden sich die »immerwährenden Arme«. Gott ist deine Stütze! Erinnere dich an das Versprechen: »Denn ich, Jehova, dein Gott, halte meine rechte Hand über dir und sage: Fürchte dich nicht. Ich will dir helfen.« Gott ist deine Sicherheit! »Ich fürchte kein Unheil, denn du bist bei mir.« Wende dich ab von den Täuschungen dieser Welt und übergib dein ganzes Leben und alle Angelegenheiten der unendlichen Liebe, Weisheit, Kraft und Tätigkeit des Geistes, dann wird dein Ego durch einen Mantel spirituellen Lichts, das dein Bewußtsein erhellt, zugedeckt. Nun bist du frei, um die Heimreise zu beenden, und du weißt, daß Gott auf halbem Wege auf dich wartet.

Dein spirituelles Programm

Lies und meditiere Psalm 27 und 91.

7. KAPITEL

Du hast die Wahl

1. Einige Leute meinen, daß es spirituell falsch sei, überhaupt Wünsche zu haben, und es gibt einige metaphysische Autoren, die in ihren Büchern die Ansicht eines »wunschlosen Lebens« vertreten. Dies beruht auf dem Verständnis der Lehre Jesu: »Sorget nicht um euer Leben... aber euer Vater weiß wohl, daß ihr des bedürfet. Trachtet vielmehr nach seinem Reich, so wird euch das alles zufallen.« (Nachzulesen in Lukas 12:22–32)

2. Um die Bedeutung dieser Lehre zu verstehen, müssen wir sie aus zwei verschiedenen Bewußtseinsebenen betrachten. Die erste Ebene ist weitgehend »human« – da noch nicht das ganze Gewand spirituellen Bewußtseins angelegt wurde. Auf dieser Ebene arbeiten wir spirituell zur Erhebung und Erweiterung des Bewußtseins, doch gleichzeitig erhalten wir die Gelegenheit, unsere Welt durch den Einsatz der unterschiedlichen Kraftzentren in unserem Bewußtsein zu formen und zu gestalten. Wir haben die Kraft des freien Willens, um zu entscheiden, was wir uns in diesem Leben wünschen, und die Autorität, durch die Kraft unserer Entscheidung, unserer Imagination, unserer Begeisterung, unserer Freude und unseres Glaubens unser Gutes hervorzubringen. Und dann lassen wir unsere Wünsche, unsere Bedürfnisse, *los* und übergeben sie der höheren Sicht und Kraft des Christus-Selbst in unserem Innern, und wir verschwenden keinen weiteren Gedanken mehr an irgendein BEDÜRFNIS.

3. Wie ich im Vorwort zum Buch »The Superbeings« schon erwähnte, lautete der Schlüsselgedanke, der aus meinem Innern auftauchte, ungefähr so: »Fordere dein Gutes. Stelle dir dein Gutes vor. Sprich das Wort für dein Gutes. Und dann sorge dich nicht, ob es je in

Erscheinung tritt.« Das scheint auf den ersten Blick reichlich widersprüchlich zu sein. Wenn ich mir etwas aus ganzem Herzen wünsche, dann mache ich mir schon Gedanken darum, ob es nun für mich wahr wird oder nicht. Aber es ist gerade dieses »Gedanken-machen«, ein weiteres Wort für sich sorgen oder Überlegungen anstellen, wodurch die Kraft abgelenkt wird. Mir wurde gesagt, ich sollte wählen, was ich mir wünschte, es als eine Tatsache sehen, es in die sichtbare Form und Erfahrung hervorrufen – und mich dann nicht sorgen um den Ausgang, ganz gleich, wie verzweifelt meine Not auch sein mochte. In anderen Worten »SORGE DICH NICHT!« Laß die Sorgen los, setze sie frei, übergib sie der höchsten Kraft und mache Platz für die großartige schöpferische Tätigkeit des Geistes.

4. Nun wollen wir das Ganze aus höherer Bewußtseinsebene betrachten und sehen, was damit gemeint ist, »sich nicht zu sorgen«. Ganz einfach gesagt heißt das, wenn dein »wahres« Bewußtsein die herrschende Kraft deines denkenden und fühlenden Gemütes ist, dann wird dieses Bewußtsein in deiner Welt und deinen Angelegenheiten automatisch reflektiert und in Erscheinung treten, und das ohne besondere Anstrengungen (Gedanken) deinerseits. Das ist gemeint mit »in der Gnade leben«, Beobachter zu sein, wie Gott sich durch dich zum Ausdruck bringt. Und dies ist unser Ziel, unser letzter Endzweck, doch bis wir diesen Bewußtseinszustand erreicht haben, sollten wir unsere Fähigkeiten, unsere Kraft, die uns zur Verfügung stehenden Talente nutzen... und dazu gehört unsere Fähigkeit zu *wählen*!

5. Halte nun einen Augenblick inne und betrachte dein Leben. Erfährst du jetzt gerade irgendeinen Mangel oder eine Begrenzung? Leidest du unter irgendeiner körperlichen Krankheit? Ist deine Arbeit langweilig und unbefriedigend? Ob die Antwort nun »ja« oder »nein« sein mag, ist hier ohne Bedeutung; entscheidend ist, daß du selbst die Wahl getroffen hast für das, was du jetzt gerade durchmachst! Sieh es einmal so: Du könntest Mangel, Krankheit, Unerfülltsein und schwierige Beziehungen in diesem Augenblick gar nicht erleben, wenn du genau diese Erfahrungen nicht auch gewählt hättest. Du fragst dich, wie dies sein kann? Es kann nur das in deinem Leben geben – ob positiv

oder negativ – was du auch *annimmst*, und du kannst es nicht annehmen, wenn du dich dazu nicht entscheidest, und wenn du dir über irgend etwas eine Meinung bildest, dann triffst du eine *Entscheidung*!

6. Dir sollte jetzt ganz klar geworden sein, daß du ständig eine Wahl triffst, jeden Augenblick eines jeden Tages. Ist es daher nicht an der Zeit, endlich richtig zu wählen? Ist der heutige Tag nicht dazu geeignet, ab jetzt zu agieren anstatt zu reagieren? Während du da sitzt und dieses Buch liest, könntest du doch die feste Entscheidung treffen, das zu tun, was du tun möchtest, das zu sein, was du sein möchtest und das zu haben, was du haben möchtest. Beginne in diesem Augenblick damit, die Kontrolle über dein Denken und Fühlen zu übernehmen und dich auf den Frieden, die Freude, die Liebe, den Wohlstand und die strahlende Vollkommenheit zu konzentrieren, die schon immer zu dir gehören. *Wähle heute, was du dir wünschst!* Charles Lelly hat es sehr treffend ausgedrückt: »Wir sind die Meister unseres eigenen Schicksals nur so weit, wie wir fähig sind, weise und konstruktive Entscheidungen zu treffen.«

Dein spirituelles Programm

Wenn du dein Lebensprogramm nach den Hinweisen in Kapitel drei dieses Buches in deinem spirituellen Tagebuch bereits aufgestellt hast, dann blättere zurück und betrachte noch einmal genau die Geschichte deines Lebens. Hast du mit diesem Teil deines göttlichen Plans noch nicht begonnen, dann ermutigen wir dich, damit sofort anzufangen. Wähle jetzt die Erfahrungen und Tätigkeiten, die ab heute Teil deines Lebens sein sollen. Sichere dir dein Anrecht auf *all* dein Gutes – dann übergib alles dem Geist Gottes und entspanne dich. Laß los und laß Gott Gott sein! Und denke daran: Mache dir keine Gedanken, wie dein Gutes zu dir kommt. »Gott wirkt auf vielfältige Weise, um dein Gutes hervorzubringen.« ... »Meine Wege sind erfinderisch, meine Methoden sicher. Vertraue auf mich, überantworte mir deine Wege.«

8. KAPITEL

Das Selbst ist alles-in-allem

1. Dir wird immer das zuteil, als was du dein wahres Selbst erkennst. Eines Tages wurde mir in der Meditation gesagt: »Das, was du glaubst, daß ich bin, BIN ICH.« In anderen Worten, was immer dein Bewußtsein deinem Gott-Selbst zuschreibt, wird deine Erfahrungen bestimmen. Glaubst du, daß der Geist in deinem Inneren dein Leben und die Gesundheit deines Körpers ist, dann zeigt sich diese Vollkommenheit in deinem Körper. Bist du der Meinung, daß dein Meister-Selbst deine Versorgung ist, wird es dir niemals an Geld mangeln.

2. Dies ist der Schlüssel: Du mußt dir dessen gewahr sein, daß du schon all das besitzt, was immer du dir in deinem Leben wünschst, weil dein hohes Selbst dies alles IST! Ganz gleich, welchen Wunsch du mit deinem Selbst in Verbindung bringst, er wird dir erfüllt. Willst du also strahlende Gesundheit demonstrieren, dann mußt du dir bewußt werden, daß dein wahres Selbst diese Gesundheit IST. Wünschst du dir in deinem Leben mehr finanziellen Wohlstand, dann werde dir bewußt, daß dein Selbst all dein Wohlstand, all dein Reichtum IST. Wenn du dir wirklich bewußt bist, daß dein Selbst als ALLES-IN-ALLEM ist, zugleich Geber und Gabe, dann steigst du auf zu wahrer Meisterschaft.

3. Meine Erfahrung hat mich gelehrt, daß ich beten und bejahen und das Wort sprechen konnte – tagelang – und es geschah nichts, weil ich nämlich versuchte, die Dinge *geschehen zu machen*. Erst wenn ich mich nach innen wandte und meinem Gott-Selbst erlaubte, mich zu erfüllen, und wenn ich aus dem wahren Gefühl des Einsseins heraus sagen konnte »ICH BIN«, dann begann sich meine Welt zu verändern. Und mir wurde klar, daß meine Erkenntnis Gottes als die gewünschte

Sache oder Erfahrung die Änderung bewirkte ... und je größer und tiefer diese Erkenntnis war, desto dramatischer und schneller trat die Änderung ein.

4. Dein Gewahrsein, dein Verständnis und dein Wissen müssen auf der Wahrheit beruhen, daß Gott als dein ALLES-IN-ALLEM genau da ist, wo du bist. Er ist als du individualisiert. Er tritt als du in Erscheinung. Das heißt also, du brauchst nicht weit zu gehen, um den ganzen Geist Gottes zu finden. Du brauchst lediglich deine Gedanken von der Täuschung »dieser Welt« abzuwenden und dich deinem Innern in kontemplativer Meditation zuzuwenden. Schon bald wirst du ein Gefühl unendlichen Wissens erfahren, und dein Gemüt wird mit Wärme und Liebe vibrieren. Je länger du die innere Reise fortsetzt, um so mehr wird die gesamte Schwingung deines ganzes Seins verändern, und du wirst durchlässig für das Licht. Jetzt ist der Geist »befreit«, um vor dir herzugehen und »alle Dinge neu zu machen«.

5. Doch manchmal verschließt du dem Geist die Tür und übernimmst wieder die Kontrolle, bevor deine Welt diese innere Vollkommenheit widerspiegeln kann. Ob dein Leben also völlig verändert wird, hängt davon ab, wie lange du die Türe offenhalten kannst ... wie lange du dem Meister-Bewußtsein in deinem Innern tätig zu sein erlaubst, bis dein kleines Selbst aufspringt und ausruft »jetzt bin ich dran«, wie lange es also dauert, bis dein kleines Ego sich in den Weg stellt.

6. Bis zur völligen Erkenntnis und Erfahrung der Christus-Schwingung mußt du jeden Schritt sehr sorgfältig wählen. Es fühlt sich an, als jongliertest du einen Wasserkrug auf dem Kopf. Bleiben deine Gedanken auf die Gegenwart in deinem Innern gerichtet, dann befindest du dich im Gleichklang. Doch wenn du deiner Aufmerksamkeit gestattest, die inneren Bereiche des Geistes zu verlassen und auf die Wirkungen in der Welt zu schauen, dann wird das geringste Stolpern des Bewußtseins den Krug schwanken lassen, werden wohl einige Gebete unerhört bleiben. Das Problem liegt in geister Faulheit. Es ist also eine Frage der Priorität.

7. Wenn wir betrachten, worauf viele der geistig entwickelten Menschen das Hauptgewicht legen, dann erkennen wir, daß sich deren

Ziele wesentlich unterscheiden von den Menschen, die noch aus einer niedrigeren Bewußtseinsebene heraus wirken. Die meisten von ihnen begannen da, wo die Mehrzahl der Menschen sich heute befindet, aber mit Hingabe und Engagement. Sie sagten praktisch: »Ich akzeptiere nur vollkommene Harmonie in meinem Leben. Ich werde nicht krank sein. Ich werde nicht arm sein. Ich werde keine unharmonischen Beziehungen akzeptieren, und durch den Geist Gottes, der ICH BIN, werde ich hinter jede Täuschung schauen und ein neues Bild der Wirklichkeit aufbauen, eine neue Welt des Friedens, der Freude, des Wohlstands, der Gesundheit, liebevoller Beziehungen, der richtigen Aufgabe, der Erfüllung ... nämlich einen Himmel auf Erden.« Und so entschieden sie sich, die Meisterschaft über die Welt zu erlangen, und sie verloren dieses Ziel niemals aus den Augen. Viele schlossen an einem bestimmten Tag mit Gott ein Abkommen, datierten und unterschrieben es.

8. Bist du dazu bereit, dein Gelübde abzulegen, um die Meisterschaft zu erreichen? Das heißt keinesfalls, daß du dich aus der Welt zurückziehen und wie ein Mönch leben mußt, sondern vielmehr, daß du wirklich damit beginnst, dein Leben als das frohe Kind Gottes zu führen, das du in Wahrheit bist! Und dein Abkommen mit Gott muß sich durchaus nicht lesen wie ein Vertrag, der von den Anwälten eines Unternehmens formuliert wurde. Wähle einfache, aber inhaltsreiche Worte, und ich versichere dir, du wirst nur so staunen über die Wunder, die in deinem Leben geschehen, wenn du deinen Teil des Abkommens einhältst.

9. Schreibe dein Abkommen so nieder, wie es dir dein Herz diktiert, doch das nachfolgende Beispiel mag dir dabei helfen: »Ich erkläre mich bereit, von diesem Augenblick an alles in meiner Macht Stehende zu tun, um dem Christus-Bild in meinem Innern entsprechend zu leben, meine Gedanken stets auf das Bild in meinem Innern gerichtet zu halten, Liebe und Freude zu empfinden, allen Wesen liebende Gedanken zu senden, mit der Stimme des Meister-Selbst zu sprechen und stets nach dem Gefühl innerer Führung zu handeln. Um dies zu erreichen, gebe ich nun alle Sorgen, Befürchtungen, Abneigungen, Verurteilungen und Unversöhnlichkeit auf. Ich lasse alle negativen und ängstlichen Bilder los. Ich gebe alle vergangenen Fehler und

falsche Beurteilungen auf, und ich mache mich frei von allem falschen Stolz und allen egozentrischen Gefühlen. Alles in meinem Bewußtsein, was mich möglicherweise noch in Fesseln halten könnte, werfe ich nun auf den Christus in meinem Innern, der es auflösen wird. Ich entscheide mich jetzt, in der Gnade zu leben, ein vollkommen offener Kanal zu sein, durch den die göttliche Liebe strömen kann. Das Wirken des Geistes zeigt sich in meinem Leben als Weisheit und Kraft. Ich sehe und weiß, dieses Wirken ist die vollkommene Harmonisierung aller Beziehungen, die vollkommene Klärung jeder Situation, die vollkommene Lösung aller Verwirrungen, die vollkommene Versorgung für ein Leben in Wohlstand, die vollkommene Gesundheit meines Körpers, die vollkommene Erfüllung meines Lebens. Voller Glauben gehe ich nun vorwärts und setze mein Vertrauen auf den Christus in mir und lebe jeden Augenblick mit einem an Dankbarkeit, Liebe und Freude überströmenden Herzen.«

10. Du hältst deinen Teil des Abkommens ein, indem du in Übereinstimmung mit dem, was du niedergeschrieben hast, denkst, fühlst, sprichst und handelst. Du praktizierst die Gegenwart jeden Tag... und siehst dich selbst als Gott, der sich durch dich zum Ausdruck bringt. Du bejahst, daß das dir innewohnende Meisterbewußtsein deine ganze Versorgung ist. Du betrachtest dein Gutes aus höchster Sicht und sprichst das Wort, daß das Wirken des Geistes die einzige Macht in deinem Leben ist.

11. Bedenke, daß du nicht nur die Gegenwart (den Christus) in dir selbst, sondern auch in allen anderen erkennen mußt. Begreife, daß es im gesamten Universum nur ein Selbst gibt, das als du, als ich, und als jedes einzelne Wesen erscheint. Und daher ist jede einzelne Seele im Universum ein spirituelles Wesen – und da mein »ICH BIN« auch dein »ICH BIN« ist, so sage ich über mich, was ich über dich sage. Wenn ich dich kritisiere, kritisiere ich mich selbst. Wenn ich dich arm und krank und unerfüllt sehe, dann sehe ich mich selbst arm und krank und unerfüllt. Und durch das, was ich über mich selbst denke oder sage, schaffe ich die Voraussetzungen für meine Erfahrungen. Das Gesetz wirkt in der Weise, daß ich Mangel erleben muß, wenn ich glaube, daß du in deinem Leben in irgendeiner Weise unter Mangel zu leiden hast.

Wenn ich nach der äußeren Erscheinung urteile, daß du krank bist, dann schaffe ich die Voraussetzungen dafür, daß sich eine Krankheit in meinem Körper manifestiert. Begreifst du nun, warum wir über andere nicht urteilen dürfen – und warum es absolut entscheidend ist, daß wir unseren Nächsten als unser »Selbst« lieben?

Dein spirituelles Programm

Wann immer ein »Bedarf« in deinem Leben auftaucht, werde dir dieses Bedarfes bewußt, wende dich dann nach innen und erkenne, daß dein hohes Selbst die Antwort ist. Beginne damit, alles, was du dir in der äußeren Welt nur wünschen kannst, mit dem Geist im Innern als sofortige und totale Erfüllung im Zusammenhang zu sehen. Dein Bewußtsein von der Wirkung auf die Ursache zu richten, wird dir helfen, den Kanal zu reinigen für das Wirken des Geistes. Denke stets daran, die Kraft kann für dich nur tun, was sie durch dich tun kann.

Zum Beispiel:

Du brauchst oder wünschst dir	*Kontempliere Geist als*
Geld	verschwenderischen Wohlstand, reiche Versorgung mit einem göttlichen Überfluß
Gesundheit	heilende Kraft jeder Zelle, jedes Organs ... als reines und heiliges Leben des Körpers, als Energie, Vitalität, Ganzheit
eine neue liebevolle Beziehung	den Weg, die Mittel, die Umstände und die Gelegenheit, der richtigen Person zur richtigen Zeit und an der richtigen Stelle zu begegnen ... das Zusammenfinden zweier Seelen in einer idealen Beziehung

Heilung einer Beziehung	die Energie bedingungsloser Liebe, die freudig die Situation heilt und harmonisiert
eine Arbeit	die vollkommene Gelegenheit, in der du größte Erfüllung findest und deinen Mitmenschen einen Dienst erweist

Wir schlagen vor, daß du dein Abkommen mit Gott unbedingt heute triffst – und sofort damit beginnst, deinen Teil des Vertrages einzuhalten.

9. KAPITEL

Du bist so viel mehr, als du zu sein glaubst

1. Alles ist Gott, Gott ist Geist, und Geist ist alles. Bedeutet das nun, daß es den Ort nicht gibt, an dem der Geist Gottes aufhört und der Mensch beginnt? Bei der Beantwortung dieser Frage sollten wir zunächst bedenken, daß der Geist unendlich ist, das heißt ohne Begrenzung... endlos, grenzenlos. Wir denken vom Geist auch als allgegenwärtig, also überall und zu allen Zeiten anwesend; Allwissenheit, im Besitz allen Wissens, aller Weisheit; und omnipotent, allmächtig, die Allkraft. Überlegen wir nun, daß der Geist unendliche, allgegenwärtige, allwissende und allmächtige ENERGIE ist... wobei wir Energie als die Vitalität des Ausdrucks definieren.

2. Stellen wir uns nun vor, daß diese allwissende, allmächtige, überall gegenwärtige Energie nach einer besonderen göttlichen oder höchsten Schwingung des Gemütes pulsiert. Da es in der Natur dieser kosmischen Gemütsenergie liegt, sich selbst zum Ausdruck zu bringen, können wir uns da nicht vorstellen, daß die Schwingung dieses allgegenwärtigen Energiefeldes sich genau an dem Punkt der Empfängnis zu wandeln beginnt, wo sich diese Allgegenwart als individuelles Wesen, als du, erkennt.

3. Denken wir einige Minuten darüber nach. Der universale Geist »gebiert« aus sich selbst eine neue Vibration, und das sich daraus ergebende Bewußtsein ist Geist, sich Seines Selbst als individualisiertem Wesen – DU – bewußt. Das Wort »individualisiert« heißt *unteilbare* Entität – Wesen. Daher kann die universale Gegenwart Sich Selbst nicht trennen oder in Teile aufteilen, um ein individuelles Wesen zu werden. Sie wandelt lediglich die Schwingung, und DU erscheinst im Bewußtsein als eine besondere Ausdrucksform Gottes. Und doch

bleibt die Endlosigkeit, die Grenzenlosigkeit, die Kontinuität des Geistes erhalten.

4. Kannst du nun begreifen, daß der einzige »Unterschied« zwischen dem universalen Geist Gottes und dem individualisierten Geist Gottes, der du bist, nur eine Änderung in der Schwingung ist? Es ist eine Reduzierung der Frequenz bis zu dem Punkt, an dem das Universum sagt: »Ich BIN«. Dieses ICH BIN ist Gott... dieses ICH BIN ist du... Universelles *und* individualisiertes Bewußtsein... Gott, der Sich als Gott erkennt, Gott, der Sich als du erkennt, und du, der du deine Göttlichkeit erkennst.

5. Die Weisen des Altertums lehrten, daß diese Realität, die du bist, dein Gott-Selbst, für immer im Absoluten verbleibt. Damit der kosmische Drang Seines unendlichen Willens zum Ausdruck gebracht werden kann, muß es einen Kanal oder ein Mittel für diesen Ausdruck geben. Daher gebar der Geist die Vorstellung von Sich Selbst als einer lebendigen Seele. Als du ein selbst-bewußtes Wesen wurdest, geschaffen nach dem Bild und Gleichnis deines Selbst, dem Geist Gottes, wurde dies als die »zweite Schöpfung« bezeichnet. Anstatt sich nun aber von Sich Selbst zu trennen, was nicht möglich war, folgte dein Gott-Selbst dem ursprünglichen schöpferischen Vorgang und wechselte das Schwingungsverhältnis im Zentrum Seines individualisierten Energiefeldes. In diesem »hervorgepreßten« Bewußtseinszustand erkanntest du dich selbst als spirituelles Wesen, einen Sohn Gottes, der für immer im göttlichen Gemüt lebt und erfüllt ist vom reinen Gewahrsein seines Gott-Selbst.

6. Als du einen Körper annahmst, entweder durch Projektion oder Manifestation, wurde die schöpferische Energie des göttlichen Gemütes in der Schwingung reduziert, um den nicht-physischen und physischen Körper zu formen. Begreifst du nun, daß Geist, Seele und Körper alle aus der Energie Gottes, wenn auch in unterschiedlichem Schwingungsverhältnis – bestehen – und es daher unmöglich ist, daß es eine Trennungslinie zwischen Gott und Mensch gibt? Es gibt den Punkt nicht, an dem Gott aufhört und der Mensch beginnt. Alles ist Gott und Gott ist alles!

Die einzige »Trennung« zwischen dir und Gott besteht in deinem *Glauben* an eine Trennung. Um diese falsche Überzeugung durch die Wahrheit zu ersetzen, solltest du jeden Morgen und jeden Abend die folgende meditative Übung durchführen.

Bevor du beginnst, ist es wichtig zu begreifen, daß es im ätherischen Körper sieben Energiezentren gibt, die als Chakras bezeichnet werden. Jedes Chakra repräsentiert unterschiedliche Bewußtseinsebenen. Konzentriere dich bei dieser Behandlung bitte auf die Stelle, an dem das Chakra sitzt und kontempliere die entsprechenden Gedanken einige Minuten lang – dann fahre mit dem nächsten Chakra fort. Diese Übung steht nicht in Beziehung zu der esoterischen Arbeit der Erweckung dieser Energiezentren. Es handelt sich lediglich um eine Methode, die wir einsetzen, um die Energien des unteren Selbst auf eine höhere Schwingung zu transmutieren – auf die Christus-Schwingung, in der das Gefühl des Getrenntseins aufhört zu sein.

Sprich zu dir selbst: *»Ich bin so viel mehr als ich zu sein glaube.«*

Konzentriere dich nun auf das jeweilige Chakra und verweile bei diesen Gedanken:

Wurzel-Chakra – in der Nähe der Geschlechtsorgane:

»Ich bin mehr als mein Körper.«

Milz-Chakra – in der Nähe des Bauchnabels:

»Ich bin mehr als meine Persönlichkeit, mehr als die Gedanken meines Gemüts.«

Solarplexus-Chakra – in der Nähe des Solarplexus:

»Ich bin mehr als meine Gefühle, meine Empfindungen.«

Herz-Chakra – in der Nähe des Herzens:

»Ich bin die bedingungslose Liebe des Christus, der sich durch mich als lebendige Seele zum Ausdruck bringt. Die Fülle des Geistes wohnt in mir.«

Hals-Chakra:

»Ich bin das Christus-Bewußtsein der Macht und Herrschaft. Ich bin der schöpferische Meister meiner Welt.«

Drittes-Auge-Chakra – zwischen den Augenbrauen:

»Ich bin der Christus Gottes, an dem der Vater sein Wohlgefallen hat. Ich bin erleuchtet. Ich sehe nur die Wirklichkeit Gottes.«

Scheitel-Chakra – über dem Mittelpunkt des Kopfes:

»Ich bin eins mit dem Universum. Ich bin das Universum. Ich und der Vater sind eins. Alles, was der Vater ist, bin ich. Ich bin der Geist des lebendigen Gottes.«

10. KAPITEL

Wirken in der Energie des Absoluten

1. Damit sich deine Wünsche erfüllen können, mußt du dir zuerst der gewünschten Dinge auch bewußt werden. Ohne dieses Bewußtsein kommt nichts zu dir; wenn aber das Gewünschte in deinem Bewußtsein vorhanden ist, dann *muß* es in Erscheinung treten. Wie Emmet Fox schrieb: »Das Geheimnis erfolgreichen Lebens liegt darin, ein mentales Äquivalent des Gewünschten zu erschaffen und dann das mentale Äquivalent des Unerwünschten loszuwerden, auszulöschen.« Bedenken wir, daß ein »mentales Äquivalent« eine Überzeugung ist, ein unterbewußtes Muster, eine Erkenntnis, eine subjektive Erwartung der Wahrheit.

2. Der erste Schritt in Richtung des mentalen Äquivalents geht über die Erkenntnis, daß die deinem Wunsch entsprechende göttliche Idee bereits Teil deines Überbewußtseins ist. Sieh es einmal so: Der geistige Prototyp alles Sichtbaren ist Teil des Energiefeldes, das um dich herum und in dir besteht. Eigentlich besitzt du bereits jetzt alles, was du dir überhaupt je wünschen kannst. Das gilt nicht nur für dieses Leben, sondern für alle Ewigkeit. Geld ist zum Beispiel eine spirituelle Vorstellung, auch Nahrung, Kleidung, Wohnung, Transportmöglichkeiten, die ideale Arbeit, der vollkommene Körper, der ideale Partner und alles andere, ob in sichtbarer Form oder als Erfahrung. Und alle diese geistigen Vorstellungsbilder sind bereits *jetzt* ein Teil von dir ... sie gehören schon *jetzt* zu dir, darauf wartend, sich in deinem Denken und dann in der physischen Welt zum Ausdruck zu bringen. Erinnern wir uns, daß alles zunächst im spirituellen, dann im mentalen, dann im physischen Bereich erscheint.

3. Du kannst ein mentales Äquivalent erstellen, wenn du Denken

und Fühlen auf der Linie einer bestimmten Wunscherfüllung vereinigst. Um die Bühne vorzubereiten für diese »Fusion«, solltest du dich an die Erklärung im vorigen Kapitel erinnern, daß dein ganzes Wesen aus der Energie Gottes, wenn auch in unterschiedlich hoher Schwingung, geschaffen ist. Es gibt also den Bereich nicht, wo Gott aufhört und der Mensch beginnt. Alles ist Gott. In dem Vorgang der Individualisierung von Geist und Seele – der Manifestation in die Form – gibt es drei deutliche, klar erkennbare Energieschwingungen, die einheitlich in einem individuellen Kraftfeld pulsieren, das dein individuelles Sein ausmacht.

4. Die erste Ebene dieser Energie ist das ABSOLUTE, das reine Leben, die reine Liebe, die reine Intelligenz deines Gott-Selbst, deines wahren Wesens. Das ist der Bereich der Ursache.

5. Die zweite Ebene ist die ENERGIE DES HANDELNS. Dies ist der karmische Bereich des Gemütes, der mit dem Gesetz von Ursache und Wirkung zusammenwirkt. Sie ist die schöpferische Kraft auf den unteren Ebenen und funktioniert als »Laboratorium«, wo die mentalen Äquivalente erstellt werden. In der modernen Psychologie wird es als subjektives Bewußtsein oder Unterbewußtsein bezeichnet.

6. Die dritte Stufe ist die ENERGIE DES GEWAHRSEINS, oder die Energie des relativen Bewußtseins, normalerweise als objektives Bewußtsein bezeichnet.

7. Wenn die *handelnde Energie*, oder das Unterbewußtsein, die Anweisungen direkt aus der Energie des Gewahrseins erhält – oder dem objektiven Bewußtsein –, dann baut es subjektive Muster auf, die auf relativen Verhältnissen, Vorbehalten und früheren Erfahrungen basieren. Sagen wir zum Beispiel, du behandelst dich für Erfolg und Wohlstand und bejahst, daß du jetzt am richtigen Platz wirkst und deine Versorgung auf allen Ebenen mehr als ausreichend ist. Wenn du diese Bejahungen lediglich aus deinem relativen Bewußtsein, verstandesmäßig, sprichst, dann schränkst du möglicherweise die schöpferische Kraft durch all das ein, was zur Zeit an Gedanken in dir vorherrscht. Vielleicht denkst du sogar wie folgt: »Ich bejahe zwar jetzt großen Erfolg und Wohlstand in meinem Leben, doch in Wirklichkeit weiß ich, daß es nur bestimmte Kanäle gibt, durch die mein Gutes zu mir

kommen kann, und außerdem glaube ich, daß mir zu diesem Zeitpunkt nur eine bestimmte Menge Gutes zusteht, und es gibt bestimmt eine Verzögerung, denn in meinem Horoskop steht, daß die Häuser für beruflichen Erfolg und finanzielle Angelegenheiten sich jetzt nicht in der richtigen Stellung befinden.« Dir ist sicherlich klar, welches mentale Gegenbild du mit dieser Art des Denkens schaffst.

8. Wenn du deine Bejahungen aus den unteren Ebenen des relativen Bewußtseins sprichst, dann hängt deine Demonstration immer von deinen früheren Vorstellungen ab. Du tust dein Bestes, um dir auszudenken, auf welche Weise dein Gutes eingeschränkt werden könnte, oder du siehst nur den einen Kanal, durch den dein Gutes zu dir kommen kann, und dein Verstand mag dir sagen, daß es wirklich keine Möglichkeit gibt, wie dein Gutes dich heute erreichen kann. Doch wenn du dich auf dein hohes Selbst einstimmst und die Christus-Schwingung annimmst, dann bewegst du dich buchstäblich über das relative Energiefeld hinaus und in die Energie des Absoluten hinein. Und sprichst du nun das Wort aus diesem hohen Bewußtsein heraus, dann begreift dein Unterbewußtsein die Wahrheit und erstellt die Muster auf der Grundlage, daß es *keine* Begrenzungen, *keine* Einschränkungen, *kein* Zeitelement und auch *keine* vergangene schlechte Erfahrung gibt. Es hält sich strikt an die Grundlage des Gesetzes, an das Gesetz der Erfüllung und des Wohlstandes, das schon jetzt dein wahres Wesen ist. Es wird den spirituellen Prototyp aus dem Absoluten annehmen und die spirituelle Vorstellung als mentales Äquivalent duplizieren – anstatt die früher empfangenen Bilder und Vorstellungen zu übernehmen und darauf Sandburgen zu bauen, die dann fortgespült werden.

9. Wenn du aus dem Bereich des Absoluten und als das Absolute das Wort sprichst, dann ist das Muster, durch das die kreative Energie des göttlichen Gemütes strahlt, vollkommen, und da diese Energie durch ein vollkommenes Muster fließt, nimmt sie all die Eigenschaften des Ideals an, um sich als entsprechende Gelegenheit, Erfahrung und Form in der Welt zu manifestieren. Es sind die spirituellen Vorstellungen aus dem Bereich der Ursache, die wir mit dem Gebet erflehen: »Dein Reich komme, dein Wille geschehe im Himmel, wie auf Erden.« Und

so ist auch der Psalm 127 zu verstehen: »Wenn der Herr nicht das Haus baut, so arbeiten umsonst, die daran bauen.«

Dein spirituelles Programm

Lasse dir vor deiner heutigen Bejahung – ob für Gesundheit, Reichtum oder Erfolg – Zeit, um dein Denken zu beruhigen, die Erscheinungen der äußeren Welt loszulassen und über die Ganzheit und Vollkommenheit deines göttlichen Selbst zu kontemplieren. Nimm diesen Gedanken mit auf die Reise in dein Inneres: »Näher als mein Atem ist die Gegenwart Gottes, die ICH BIN ... vollkommene Harmonie, vollkommene Liebe, unendliche Weisheit ... die einzige Macht, die einzige Ursache, die einzige Tätigkeit in meinem ewigen Leben.«

Kontempliere die Bedeutung hinter diesen Worten und lasse die spirituelle Schwingung dein Bewußtsein erfüllen, lausche auf die Stimme in deinem Innern, die von deiner Göttlichkeit, deiner Heiligkeit kündet.

Verweile in diesem hohen Bewußtsein und sprich jetzt das Wort für dein Gutes. Bejahe vollkommene Erfüllung und rufe das, was du dir wünschst, in die sichtbare Welt hervor.

11. KAPITEL

So erreichst du höchstes Bewußtsein

1. Welcher Weg ist nun der beste, um den Gipfel des Berges zu erreichen? Jesus gab uns die Antwort, als er von dem ersten und wichtigsten Gebot sprach. Er sagte: »Du sollst den Herrn deinen Gott lieben, aus deinem ganzen Herzen, aus deiner ganzen Seele, und mit all deiner Kraft.« Der Herr, *dein* Gott, ist der Geist Gottes in *dir* – und so ist es deine Aufgabe, diese Gegenwart mit deinem ganzen Sein zu lieben, mit allem, was du hast. Was ist nun damit gemeint, etwas vollkommen zu lieben? Es bedeutet, ständige und immerwährende Bewunderung für dieses Etwas zu haben... so von Hingabe, Zuneigung, Zärtlichkeit, Wärme, Bewunderung, Entzücken und Liebe zu diesem Etwas erfüllt zu sein, daß dein ganzes Bewußtsein hiervon gefangengenommen ist.

2. »Das ist nett«, mag manch einer sagen. »Vielleicht versuche ich das irgendwann einmal.« Nun, ich hoffe, du tust es wirklich, denn es wird dein Leben verändern. Versteh es doch: Wenn du die Gegenwart in deinem Innern kontemplierst, dann wird genau diese deine Gegenwart mit großer Liebe – diese zielstrebige, auf einen Punkt gerichtete Liebe – buchstäblich die ehrfurchtgebietende und unbeschreibliche Kraft des Universums in dein denkendes und fühlendes Gemüt hineinziehen. Du nimmst diese Macht an, und du wirst zu dieser Macht und sprichst als diese Macht – und siehe da – alle Dinge werden neu gemacht! Deine Gedanken des Reichtums bringen Reichtum hervor, deine Gefühle des Heilseins lassen deinen Körper gesunden, deine Vorstellung des Erfolgs manifestiert sich, deine Worte der Liebe lassen dich die liebevollen Beziehungen erfahren, die du dir wünschst.

3. Als die spirituellen Meister vergangener Zeitalter lehrten, die

wahre Natur unseres Wesens zu lieben, unsere spirituelle Wirklichkeit, begriffen nur wenige Menschen auf diesem Planeten, daß diese Lehre die geheime Formel für Gesundheit, Reichtum und Glück enthielt. Nur vereinzelt setzten Menschen dieses Wissen im täglichen Leben ein, und lediglich ein geringer Prozentsatz erkannte dies als die »Kombination« zum großen »Warenhaus« des Lebens. Die Liebe zu deinem Gott-Selbst ist das höchste Gesetz, denn sie enthält die Geheimnisse des Universums. Wir können diese Lehre der Meister bis an die Anfänge der Mysterienschulen zurückverfolgen. Sie wurde von allen Weisen, Gelehrten, Heiligen und Meistern der vergangenen Zeitalter vermittelt – und eine der ausführlichsten Lehren enthält das fünfte Buch Moses.

4. In Moses 6:5–9 steht geschrieben: »Und du sollst den Herrn, deinen Gott, liebhaben von ganzem Herzen, von ganzer Seele und mit all deiner Kraft. Und diese Worte, die ich dir heute gebiete, sollst du zu Herzen nehmen und sollst sie deinen Kindern einschärfen und davon reden, wenn du in deinem Hause sitzt oder unterwegs bist, wenn du dich niederlegst oder aufstehst. Und du sollst sie binden zum Zeichen auf deine Hand, und sie sollen dir ein Markenzeichen zwischen deinen Augen sein, und du sollst sie schreiben auf die Pfosten deines Hauses und an die Tore.«

5. Sprich darüber, wie du dein Leben und deine Liebe dem Christus in deinem Innern weihst! Und wenn du das tust, wird sich deine Welt in dramatischer Weise ändern. Wenn du deine Aufmerksamkeit nach innen und das Gefühl tiefer Liebe auf dein hohes Selbst richtest, dann wird die gesamte Schwingung deines Energiefeldes der göttlichen Schwingung angepaßt, und wenn dies geschieht, wirst du durchlässig für das Wirken Gottes. Die strahlende Kraft in deinem Innern wird die alten fehlerhaften Muster, falschen Überzeugungen und negativen Erscheinungsbilder auslöschen und dich durchströmen, um als die von dir benötigte Sache oder Erfahrung zu erscheinen. Und der Geist in deinem Innern ist so praktisch! Benötigst du eine bessere Arbeitsstelle – du wirst diese Arbeitsstelle anziehen. Brauchst du mehr Geld – es fließt dir in Strömen zu. Oder möchtest du Heilung finden – die Vollkommenheit deines Körpers wird wiederhergestellt. Wünschst du

dir eine neue Beziehung, so wird das richtige »Treffen« arrangiert! Du wirst erfahren, daß es für jeden Bedarf die vollkommene Versorgung gibt.

Dein spirituelles Programm

Nehmen wir jetzt einmal die Anweisung aus dem 5. Buch Moses und formulieren daraus ein Neun-Stufen-Programm für das tägliche Leben.

Schritt 1: Uns wurde gesagt, wir sollten Gott »liebhaben von ganzem Herzen«. Damit ist gemeint, daß wir durch tägliche Meditation unserem Unterbewußtsein unsere Liebe zu Gott einprägen – indem wir unser inneres Sein voller Liebe, Bewunderung und mit unserem ganzen Gefühl kontemplieren. Verbringe also täglich eine gewisse Zeit in »zärtlichem Gespräch« mit deinem Gott-Selbst.

Schritt 2: Uns wird auch gesagt, wir sollten (die Liebe zu unserem Gott-Selbst) »unseren Kindern einschärfen«. Deine »Kinder« sind deine Gedanken. Beginne also damit, denken zu üben, d.h. richte deine Gedanken stets auf die eine Gegenwart, die eine Macht in deinem Innern. Liebe dein Christ-Selbst mit Freude und Dankbarkeit. Wann immer du dich während des Tages bei negativen Gedanken ertappst, sage dir sanft, aber bestimmt: »Ich ziehe es vor, meine Gedanken zu kontrollieren, alle Sorgen abzulegen und mich dem Einen in meinem Innern zuzuwenden, dem mein ganzes Herz, mein Denken und Fühlen zu eigen sind.« Dann verweile in großer Liebe bei dieser inneren Gegenwart!

Schritt 3: Uns wird gesagt, daß wir von dieser Liebe zu unserem Christ-Selbst sprechen sollen, »wenn du in deinem Haus sitzt«. Dieses »Haus« ist dein Bewußtsein, und darin zu »sitzen« bezieht sich auf unsere Gebete oder spirituelle Behandlungen. Beginne daher spirituelle Behandlungen, indem du zunächst deine Liebe auf den Christus im Innern zentrierst und dir dieser gegenseitigen Liebeskraft bewußt wirst.

Schritt 4: Uns wird gesagt, wir sollten unser hohes Selbst lieben, »wenn du unterwegs bist«. Damit ist gemeint, daß du, auch wenn du nicht über etwas Besonderes nachdenkst, also mit deinen Gedanken lediglich bei Dingen »dieser Welt« verweilst, nicht dein wahres Selbst vergessen darfst. Deine vorherrschenden Gedanken dürfen nur dieser Richtung folgen, ganz unabhängig davon, was du gerade tust.

Schritt 5: Uns wird gesagt, uns auf diese Liebe zu konzentrieren, »wenn du dich niederlegst«. Mit anderen Worten, bevor du abends in den Schlaf fällst, sollst du wieder deine tiefen Gefühle der Liebe für dein wunderbares Christ-Selbst zum Ausdruck bringen. Sage dir einfach: »Ich liebe dich so sehr. Du bist so großartig, so wunderbar, und meine Liebe für dich erfüllt mein ganzes Sein bis zum Überfluß.«

Schritt 6: Uns wird gesagt, diese Liebe auch auszudrücken, »wenn du aufstehst«. Übe dich darin, jeden Tag damit zu beginnen, daß du dich deinem hohen Selbst zuwendest und ihm alle Liebe schenkst, deren du fähig bist. Sage dir: »In meiner Liebe für dich weihe ich dir diesen Tag. Ich will nur deinen Willen tun, deine Worte sprechen, deinen Weg gehen, deine Arbeit ausführen. Ich will mein Licht heute so leuchten lassen, daß ich nur dich damit verherrliche.«

Schritt 7: Uns wird gesagt von dieser Liebe: »Und du sollst sie binden zum Zeichen auf deine Hand.« Nun, mit »Hand« ist hier das Wirken Gottes in der materiellen Welt gemeint – und wir sind die Kanäle für diesen Ausdruck in unserem täglichen Tun. Daher sind wir aufgefordert, zu binden – also sicherzustellen –, daß wir unsere täglichen Aufgaben als Symbol oder Zeichen unserer Liebe zu Gott erfüllen. Erledige also alle vor dir liegenden Arbeiten nach besten Kräften – und wenn auch nur aus dem Grund, weil du dein Gott-Selbst liebst.

Schritt 8: Uns wird gesagt, daß die Liebe zu unserem inneren Selbst »dir ein Merkzeichen zwischen deinen Augen sein« soll. Dies bezieht sich direkt auf die Fähigkeit der schöpferischen Imagination, die uns allen zur Verfügung steht. So werden Worte und Gefühle der Liebe zu unserem Christ-Selbst unseren Blickpunkt erheben, unser Bewußtsein erweitern und uns befähigen, mit neuer Klarheit und geistigem Verständnis die Dinge zu betrachten.

Schritt 9: Und schließlich wird uns über die Worte der Liebe zu unserem hohen Selbst gesagt: »Du sollst sie schreiben auf die Pfosten deines Hauses und an die Tore.« In anderen Worten heißt das: Die Liebe zu deinem Gott-Selbst sollte vor allem anderen dein Bewußtsein erfüllen, also all dein Denken, dein objektives Bewußtsein – Minute um Minute, Stunde um Stunde, Tag für Tag. Wenn du diese neun Schritte zu einem Bestandteil deines täglichen Lebens machst, dann wird dein Leben niemals mehr das gleiche sein. Du wirst ein neuer Mensch – »lebendig in Gott und auf ewig getragen von Seinem freien Geist!«

12. KAPITEL

Gesundheit und Heilung

1. Die gesamte Schöpfung – das unendliche Universum und alles Sichtbare und Unsichtbare – ist in Bewegung befindliche Energie, das Denkende und Wissende des göttlichen Gemütes, göttliche Ideen in immer neuer Manifestation. Der Geist Gottes ist reine kosmische Energie, und diese geistige Substanz ist als jeder Mann, als jede Frau individualisiert. Daher ist jeder einzelne von uns ein Energiefeld, das entsprechend einer göttlichen Vibration pulsiert. Unsere Lebenskraft ist die reine Energie Gottes – und diese Energie reduziert ihre Schwingung, um sich als körperliche Form zu manifestieren, als Zellen, Gewebe und Organe, dem vollkommenen Plan (das Wort) des Körpers entsprechend. Und das Wort ist Fleisch geworden.

2. Im göttlichen Gemüt gibt es weder Gedanken der Krankheit noch des Alters. Wenn also die reine Energie des göttlichen Gemütes sich als das Lebensprinzip zum Ausdruck bringt und den Körper dem vollkommenen Vorbild entsprechend formt, muß auch die sichtbare Manifestation vollkommen sein. Da wir aus der Vollkommenheit geschaffen wurden, müssen wir vollkommen sein. Und wie erklären wir uns dann das Erscheinen von Krankheiten und Unwohlsein? Erinnern wir uns an das Gesetz, daß im Gemüt Gottes Gedanken schöpferisch sind. Da wir Individualisierungen Gottes sind, sind auch unsere Gedanken schöpferisch. Somit besitzen wir die Freiheit, in unserem Leben Verhältnisse und Erfahrungen zu erschaffen, wie wir sie für möglich und wahr halten. Auf diese Weise erschaffen wir uns unsere eigenen Krankheiten durch Vergegenständlichen von Furcht, Haß, Sorgen und sonstige mentale Stö-

rungen. Wenn wir unser Gemüt jedoch auf die rechte Weise einsetzen, dann können wir unseren normalen Zustand der Vollkommenheit wiederherstellen.

3. Jeder Gedanke, der in unserem tieferen Gemüt als Überzeugung gespeichert wird, macht sich als Änderung in unserer Welt bemerkbar, zunächst in unserem Körper. Beginnen wir darüber nachzudenken, daß das Heilungsprinzip in unserem Innern die URSACHE unseres körperlichen Wohlbefindens ist, dann leiten wir damit auch die Veränderung der negativen Energie unseres individuellen Kraftfeldes ein. Mit anderen Worten, körperliche Vollkommenheit ist der natürliche Zustand unseres Seins, und akzeptieren wir diese Wahrheit in unserem Denken und Fühlen, dann verändert sich unser Körper entsprechend. Eine »Heilung« ist also lediglich eine Rückkehr in unseren natürlichen Zustand.

4. Untersuchungen der Quartus Foundation auf dem Gebiet von Gesundheit und Heilung haben uns in der Gewißtheit bestärkt, daß ein Individuum den natürlichen Zustand der Vollkommenheit wiedergewinnen kann, wenn es mit den vier »Körpern« arbeitet, die sein individuelles Sein bilden: Wir sprechen vom spirituellen, emotionalen, mentalen und physischen Körper. Im geistigen, dem spirituellen Bereich, widmen wir uns der Erkenntnis unseres wahren Wesens. Wir gehen von dem günstigen Gesichtspunkt aus, daß wir bereits JETZT spirituelle Wesen sind – und nur zur Wahrheit unseres göttlichen Bildes erwachen müssen. Das ist der Sinn der Meditation, in der wir bei unserer inneren Realität verweilen, in dem Wissen, daß wir in unser Bewußtsein ziehen, worüber wir kontemplieren. Diese Konzentration auf den Christus im Innern, den Geist Gottes, wird dem Unterbewußtsein helfen, sich seines wahren Ebenbildes zu »erinnern« – seiner göttlichen Vollkommenheit. Daher ist Meditation sowohl eine Wiederherstellung als auch eine vorbeugende »medizinische« Maßnahme. Durch Meditation erhöhst du die Schwingung deines Energiefeldes auf die göttliche Frequenz und eröffnest damit den Weg für die Heilströme, die dann durch jedes Atom deines Seins strömen können.

5. Wenn du mit dem emotionalen Körper arbeitest, solltest du alles tun, was notwendig ist, um dich selbst von allen negativen Gefühlen

wie Unversöhnlichkeit, Abneigung, Kritik, Furcht und Eifersucht zu befreien. Selbst die »American Medical Association« (amerikanische Gesundheitsbehörde) spricht über die Ursache und Auswirkung von Beziehungen auf Emotionen und Wohlbefinden. In der Ausgabe vom 14. Januar 1983 des »Journal of the American Medical Association« wurde berichtet, »... Untersuchungen haben ergeben, daß Menschen mit Gaumenproblemen im letzten Jahr mehr negative Erlebnisse und ein unruhigeres Leben erfahren haben als andere Menschen ... sie zeigen außerdem ein höheres Maß an Furcht, Depression und emotionellen Störungen.«

6. Wir haben herausgefunden, daß »geistige Behandlungen« tiefsitzende Gefühlsmuster umkehren und damit der inneren Kraft einen Weg eröffnen können. Besteht zum Beispiel in deinem Herzen für IRGEND ETWAS ODER IRGEND JEMAND Unversöhnlichkeit (ein wichtiger Gedanke für Arthritis, Krebs und Herzprobleme), setze dich still hin und bejahe fest und voller Liebe: »Ich vergebe dir ganz und gar. Ich lasse die Unversöhnlichkeit gegenüber allen und allem los. Und wenn es in meinem Bewußtsein nur noch einen Schimmer von Unversöhnlichkeit gibt, dann werfe ich diesen auf den innewohnenden Christus, damit er jetzt aufgelöst wird. Ich vergebe jedem – und ich bin frei.« Arbeite mit solchen Aussagen und passe deine Worte der jeweiligen negativen Emotion an, bis du ein Gefühl der Befreiung empfindest und du keine negative Bindung an die entsprechende Person oder Erfahrung mehr spürst. Du kannst auch die zehn Schritte aus dem Manifestations-Prozeß einsetzen (aus dem Buch »The Manifestation Process«), um negative Gefühle und Empfindungen auszulöschen. Wähle einen Hauptgedanken – eine göttliche Idee – um das negative Muster zu ersetzen. Nimm diese Vorstellung mit deinem ganzen Herzen auf, als *wäre sie schon wahr*. Sieh dich dann frei von dieser gefühlsmäßigen Bindung und bringe ein tiefes Gefühl der Liebe zum Ausdruck, sprich das Wort, daß es getan ist, und übergib dem Geist in tiefer Dankbarkeit dein ganzes Sein und kehre zurück in deine Welt als furchtloses, fehlerloses und freies Kind des lebendigen Gottes.

7. Wenn wir an dem Punkt sind, unseren Gedankenprozessen Richtung zu geben, dann arbeiten wir in Wirklichkeit mit dem

mentalen Körper. Wie Louise L. Hay in ihrem Buch *Heile deinen Körper* sagt: »Halte einen Moment inne und fange deine Gedanken ein. Was denkst du jetzt, in diesem Augenblick? Wenn Gedanken dein Leben und deine Erfahrungen formen, möchtest du dann, daß dieser Gedanke für dich wahr wird? Wenn es ein Gedanke voll Sorge, Ärger, Verletzung oder Rache ist, wie, glaubst du, wird dieser Gedanke zu dir zurückkommen? Wenn wir ein Leben voller Freude wünschen, dann müssen wir freudvolle Gedanken denken. Wenn wir ein Leben voll Erfolg und Wohlstand wollen, dann müssen wir erfolgreiche Gedanken denken. Wenn wir ein von Liebe erfülltes Leben wollen, müssen wir liebevolle Gedanken denken. Alles, was wir geistig oder verbal aussenden, wird in gleicher Form zu uns zurückkommen.

Höre dir einmal selbst zu. Wenn du hörst, daß du etwas dreimal sagst, dann schreibe es auf. Es ist zu einem Muster für dich geworden. Schau am Ende der Woche deine Liste an und überprüfe, wie das, was du sagst, mit deinen Erfahrungen übereinstimmt. Sei bereit, deine Worte und Gedanken zu ändern – und beobachte, wie sich dann auch dein Leben ändert. Es liegt in deiner Macht und ist deine Wahl. Niemand denkt in deinem Kopf außer dir.«

8. Denke stets daran, daß du schöpferische Imagination und Visualisierung nicht nur für deinen Mentalkörper einsetzen, sondern damit auch weitgehend deinen körperlichen Organismus beeinflussen kannst. *Sieh* dich gesund. Visualisiere die Ganzheit, den natürlichen Zustand deines Seins. Krebspatienten profitieren zum Beispiel von dem, was als »Therapie der positiven Vorstellung« bezeichnet wird. Dabei werden die Patienten nach Entspannungsübungen dazu angehalten, sich die natürlichen, im Körper befindlichen krebsbekämpfenden Kräfte – die weißen Blutkörperchen zum Beispiel – vorzustellen und wie ihr Krebs auf diese Behandlung anspricht bzw. gegen diese Behandlung wehrlos ist. In einer Untersuchung an der Schule für Psychiatrie in Washington wurde bei sechs Patienten, die mit Dr. Robert Kvarnes zusammenarbeiteten, das Blut vor und nach diesem Training untersucht. Das Ergebnis zeigte, daß die weißen Blutkörperchen und die Menge einer chemischen Substanz, die Thymosin genannt wird, angewachsen waren. Die Veränderung dieser beiden

Werte deutet an, daß das Immunsystem dieser Patienten stärker geworden war.

9. Was unseren physischen Körper anbetrifft, so glaube ich, daß wir immer von dem augenblicklichen Standpunkt unseres Bewußtseins ausgehen – und kein Risiko eingehen sollten, indem wir etwas gegen unsere Überzeugung tun. Damit sage ich: Gott wirkt sowohl durch den Metaphysiker als auch durch den Arzt. Die Heilung kann jedoch nur vollständig und dauerhaft sein, wenn die negativen Gedankenmuster im Bewußtsein korrigiert sind. Daher bringt ärztliche Hilfe häufig nur zeitweilige Erleichterung. Vielleicht ist Hilfe durch einen Arzt auch gar nicht erforderlich, wenn der betreffende Mensch spirituelle Arbeit mit einem guten Fitneßprogramm kombiniert, d. h. geeignete Diät, körperliche Übungen und vernünftige Beurteilung in der Gesunderhaltung des Körpers einsetzt. Ernährungsexperten können wertvolle Informationen über Vitamine und Mineralien geben. In jedem Buchladen gibt es hervorragende Bücher über körperliche Fitneßprogramme. Anstatt daß ich an dieser Stelle nun über spezielle *äußere* Aktivitäten informiere, schlage ich vor: 1. Du wendest dich nach innen, um herauszufinden, was gerade für dich und deine Situation angebracht und geeignet ist, um den Körper in bester körperlicher Verfassung zu halten, und 2. du befolgst diese Führung dann bis auf den I-Punkt und erstellst dein eigenes spezielles Gesundheitsprogramm hinsichtlich Ernährung, sonstigen Programmen, körperlichen Übungen, Körperreinigung, Fasten, natürlichen Ersatzmitteln für Tabletten usw. Jeder von uns muß *selbst* herausfinden, was für ihn RICHTIG ist.

Dein spirituelles Programm

Unsere geistige Arbeit soll uns helfen, den spirituellen, emotionalen, mentalen und physischen Körper in vollkommenen Gleichklang zu bringen.

Unter Punkt 4. sprachen wir über die Auswirkung der Meditation als »Grundlage für ein ›medizinisches Programm‹ zur Wiederherstellung und Vorbeugung«. Die Art der von uns empfohlenen Kontemplation, in der wir das wahre Wesen der Ganzheit erkennen wollen, bezeichnen wir als »meditative Behandlung«. Wenn du gerade ein Gesundheitsproblem hast, dann bedeutet das, du hältst in deinem Bewußtsein eine falsche Überzeugung fest, die sich als Krankheit in deinem Körper ausdrückt. Es handelt sich dabei um ein Mißverständnis: Dein Gemüt verkennt deinen natürlichen Seinszustand. Um dieser Herausforderung zu begegnen, mußt du in deinem Bewußtsein diesen Irrtum durch die Wahrheit ersetzen. Dies geschieht am wirkungsvollsten durch diese Art der Kontemplation.

Mit den folgenden Aussagen arbeiten wir in unseren meditativen Behandlungen:

Der Geist Gottes ist die in mir wohnende Lebenskraft, und jede Zelle meines Körpers ist erfüllt von Intelligenz, Liebe und der strahlenden Energie des göttlichen Gemütes.

Gottes Wille für mich ist vollkommene Gesundheit, und Gott sieht mich vollkommen; daher ist Gesundheit mein natürlicher Seinszustand.

Das Gemüt Gottes enthält weder Bilder von Krankheit, körperlichen Beschwerden noch Alter. Daher sehe ich mich jetzt so, wie Gott mich sieht ... stark, vital, dynamisch, vollkommen. Ich bin jetzt erhoben in das Bewußtsein der Ganzheit. Ich nehme meine Heilung an. Ich bin jetzt geheilt! Und so ist es.

Werde nun völlig still und entspanne dich – und lies diese Worte noch einmal durch, meditiere jedes Wort, kontempliere jeden Satz, bis dein Bewußtsein die wahre Bedeutung erfaßt hat. Denke daran, daß Worte nur Symbole sind ... erst die Vorstellung hinter dem Wort besitzt die Kraft. Kontempliere diese *Vorstellungen*, bis du ein inneres Verständnis und innere Erkenntnis fühlst. Ich führe jetzt durch diese erste Kontemplation, doch in den weiteren Behandlungen solltest du meine Gedanken durch deine eigenen Worte ersetzen.

Kontemplation:

Der Geist Gottes (Kontempliere den Gedanken, die Bedeutung hinter dem Wort »Der Geist Gottes«, bis du innerlich etwas spürst. Sprich das Wort ganz ruhig und beobachte, welche Gedanken hierbei in dir auftauchen, um dein Denken zu erweitern.)

ist die mir innewohnende Lebenskraft, (Verweile bei der Bedeutung und dem Wirken dieser Lebenskraft Gottes, die in und durch deinen Körper tätig ist. Fühle die Dynamik dieser unglaublichen Kraft. Spüre die erneuernde, wiederherstellende Tätigkeit des Geistes, die alles in deinem Körper auslöscht, was nicht seinem eigenen Wesen entspricht.)

und jede Zelle meines Körpers ist erfüllt von dieser Intelligenz, Liebe und der strahlenden Energie dieses göttlichen Gemütes. (»Sieh mit deinem inneren Auge, wie jede Zelle von Licht und Leben durchflutet ist – erfüllt von göttlicher Intelligenz, göttlicher Liebe und göttlicher Energie. Jede Zelle denkt nun die Gedanken Gottes, bringt die Liebe Gottes zum Ausdruck und schwingt in Harmonie mit dem Frieden Gottes. Kontempliere diese Gedanken!)

Gottes Wille für mich ist vollkommene Gesundheit, (Denke an den Willen Gottes als kosmischen Drang nach vollkommenem Ausdruck – und wie das jetzt in deinem Körper geschieht.)

und Gott sieht mich vollkommen; (Dies ist das Bild Gottes, der sich als die Wirklichkeit der Vollkommenheit in jeder Zelle, jedem Organ, jedem Gewebe deines Körpers zum Ausdruck bringt. Denke darüber nach!)

daher ist Gesundheit mein natürlicher Seinszustand. (Gott sieht die WIRKLICHKEIT hinter dem Schein. Die göttliche Sicht, diese heilige Betrachtungsweise, durchdringt dein ganzes Sein. Fühle es!)

Das Gemüt Gottes enthält weder Bilder von Krankheit, körperlichen Beschwerden, noch Alter. (Wenn es solche Vorstellungen nicht gibt, können sie nicht manifest sein. Es sind daher DEINE Ideen, die sich als negative körperliche Verhältnisse und Bedingungen ausdrücken. Du bist dir dieser Tatsache jetzt bewußt und weißt, daß du über die göttliche Autorität verfügst, dieses fehlerhafte Denken gegen die wahren Vorstellungen auszutauschen, und du triffst jetzt die Entscheidung, das zu tun.)

Dieses Gemüt ist mein Gemüt, (Es gibt nur das eine Gemüt – das göttliche Gemüt. Dieses Gemüt bringt sich durch dein Gemüt zum Ausdruck. Da dein Gemüt an das göttliche Gemüt angeschlossen ist, verfügt es über die heilige Kraft des Geistes. Und du nutzt jetzt diese Kraft in deiner Zusammenarbeit mit Gott. Kontempliere, wie sich das göttliche Gemüt als dein Gemüt zum Ausdruck bringt und wie dein Gemüt die göttlichen Vorstellungen der Vollkommenheit offenbart.)

daher sehe ich mich jetzt so, wie Gott mich sieht – stark, vital, dynamisch, vollkommen. (Erhebe deinen Blickpunkt und betrachte die Dinge so, wie Gott es tut. Sieh die Ganzheit. Sieh Gesundheit. Erkenne in allem die göttliche Ordnung. Sieh Vollkommenheit. Sieh Gott *als* deinen Körper!)

Ich bin jetzt erhoben in das Bewußtsein der Ganzheit. (Fühle die Schwingung der Liebe, des Lebens und des Lichtes, während du dich in die wahre Gegenwart des Geistes erhebst. Kontempliere über die geistige Energie, die dich jetzt umgibt, überströmt und in dir und durch dich fließt. Laß los und übergib dich selbst dem großartigen Heilungsstrom.)

Ich nehme meine Heilung an. Ich bin jetzt geheilt! Und so ist es. (Wenn du deine Heilung akzeptierst, hast du den letzten Schritt getan. Wo Dunkelheit war, herrscht jetzt das Licht. Wo Irrtum wohnte, lebt jetzt die Wahrheit. Wo es Unvollkommenheit gab, ist nun Vollkommenheit. Du bist geheilt! Anerkenne, daß dies so ist!)

Verweile nun mehrere Minuten in diesem Bewußtsein – in Kommunion mit deinem Gott-Selbst. In dieser geistigen Schwingung wirst du sehr erfolgreich in der Behandlung deines emotionalen Körpers sein. Es ist dann leicht, anderen zu vergeben. Jetzt gelingt es dir, alte Verletzungen, Abneigungen und sonstige negativen Gefühle schnell dem innewohnenden Christus zu übergeben, der sie auflöst. Fertige zu diesem besonderen Zweck eine Aufstellung aller Menschen an, denen du vielleicht irgend etwas vergeben solltest. Sprich den Namen laut aus und sage: »Ich vergebe dir. Ich treffe jetzt hierzu die Entscheidung: Ich lasse alles los. Ich vergebe dir gänzlich und vollkommen!« Nimm dann gedanklich eine Schachtel und fülle sie mit jeder Verletzung, jeder Abneigung, jeder Verurteilung, allen depressiven Gefühlen, ärgerlichen Gedanken und allen sonstigen negativen Musterbildern, die du in deinem Bewußtsein findest, und stelle diese Schachtel – wieder in deiner Vorstellung – liebevoll in das heilige Feuer des Geistes in deinem Innern und schaue zu, wie sie vom Feuer völlig aufgezehrt wird.

Damit du mit deinen Gedankenmustern richtig umgehst, solltest du Punkt 7. dieses Kapitels noch einmal lesen und dem zuhören, was du während eines ganzen Tages sagst. Welche Gewohnheitsmuster bildest du? Beginne damit, Kontrolle über deine Gedanken und Worte zu übernehmen. ÜBE dich darin, frohe, liebevolle, harmonische und Gedanken des Wohlstands zu denken. Trainiere immer wieder, nur solche Gedanken zuzulassen und auszusprechen, die dem Christus-Standard entsprechen. Nutze die Kraft deiner schöpferischen Imagination, um dich selbst heil, gesund und vollkommen zu sehen.

Wenn du mit deinem physischen Körper arbeitest, solltest du dich selbst fragen: »Wenn ich meiner Intuition folge, was muß ich dann auf der manifesten Ebene tun, um meinen Körper in bester physischer Verfassung zu erhalten?« Vielleicht solltest du dich nur mehr schonen, vielleicht aber auch »gesunde« Lebensmittel verzehren, von denen du *weißt*, daß sie dir bekommen, vielleicht tägliche Körperübungen auf dein Programm setzen. Wie immer auch die Antwort aussehen mag, befolge die innere Führung, wenn du ein »Gesundheitsprogramm« aufstellst, das deinem individuellen Bewußtsein entspricht.

Arbeite täglich daran, deine vier Körper in heiligem Gleichklang zu halten – dann wird Krankheit nur noch eine Erinnerung für dich sein.

13. KAPITEL

Das Gesetz der Fülle

1. Wenn du das Gesetz der Fülle zu begreifen beginnst und die darin liegende Wahrheit erkennst (zu eigen gemacht hast), bist du frei von allem Mangel, frei von jeder Begrenzung und frei von jeder Unvollkommenheit, angefangen bei deinem Körper und weiter bis zu allen Verhältnissen, Situationen, Umständen und Erfahrungen deines Lebens und deiner Angelegenheiten. Grund: Deine äußere Welt wird ein Spiegelbild oder eine Reflexion der Wahrheit sein, anstatt wie früher der falschen Überzeugung der Sinnenwelt.

2. Hast du eine Abneigung gegen Reichtum? Hast du Einwände dagegen, reich zu sein? Stört dich das Wort »Reichtum«? Wenn du diese Frage mit »ja« beantwortest – dann glaubst du nicht an Gott, denn Gott ist allgegenwärtiger Reichtum, Er ist die unendlichen Reichtümer des Universums, die verschwenderische Fülle all Seiner Schöpfung. Und wenn du unbegrenzten Wohlstand leugnest, dann leugnest du dich selbst, denn DU bist der Ausdruck allgegenwärtiger Mannigfaltigkeit, der Ausdruck des unendlichen Überflusses des Universums, eine Individualisierung verschwenderischer Fülle. Du bist in *diesem Augenblick* so reich wie jeder, der auf diesem Planeten wandelt. Das Vieh auf den Tausenden von Hügeln gehört dir, das Gold und Silber dieser Welt gehören dir, und Geld in Fülle gehört jetzt dir!

3. Wenn du nicht glaubst, daß Gott den Wohlstand liebt, so lies wieder einmal deine Bibel.

• Darin prüft mich, sagt der Herr, ob ich euch nicht die Fenster des Himmels öffne und einen Segen über euch ergieße, daß nicht genug Raum ist, ihn zu empfangen.

• Die Segnungen des Herrn machen uns reich, und er fügt keinen Kummer hinzu.

• Es wird denen wohlergehen, die dich lieben. Friede sei in deinen Mauern und Wohlstand in deinen Palästen.

• Gott kann dir in seiner Gnade alle Wege ebnen; damit du reichlich von allem hast und zahlreiche gute Werke tun kannst.

• ... du sollst dich an den Herrn deinen Gott erinnern, denn er ist es, der die Macht gibt, Reichtum zu erwerben...

• Der Herr soll Sein Gutes über dir ausschütten, der Himmel den Regen zur rechten Zeit über deinem Land regnen lassen und alles Tun deiner Hände segnen; du solltest vielen Nationen ausleihen, doch du selbst sollst nicht borgen.

• Laßt uns den Herrn loben, der Wohlgefallen hat am Wohlstand seines Knechtes.

• Deshalb sage ich euch, alles, worum ihr im Gebet bitten und fragen werdet, glaubt, daß ihr es erhalten habt, und es wird euch zuteil.

4. Dein Herr ist der Geist Gottes, der Christus in deinem Innern. Du verherrlichst dieses Meister-Selbst, das du in Wahrheit bist, wenn du anerkennst, daß du und Gott eins sind. Alles, was diese Gegenwart und Macht des Universums ist, bist du – und alles, was das unendliche Gemüt besitzt, gehört dir. Über dir, um dich herum und in und durch dich bist DU... das, was du in Wirklichkeit bist, ein allmächtiges Kraftfeld aus aller Liebe, aller Weisheit, allem Leben, aller Substanz, allem Alles. Dieses Alles, das als du individualisiert ist, ist das gleiche Gemüt, der gleiche Geist, die gleiche Gegenwart, die aus dem brennenden Busch zu Moses sprach. Es ist der Eine, der sich durch Jesus kundtat.

5. Der Geist in deinem Innern denkt stets Gedanken der Fülle, denn Wohlstand ist sein wahres Wesen. Da Gedanken des Mangels oder der Begrenzung im unendlichen Gemüt weder aufgezeichnet noch aufrechterhalten werden können, muß das Gesetz der Fülle völlige und immerwährende All-Verfügbarkeit bedeuten. Dein Selbst denkt, sieht und kennt nur Fülle, und die schöpferische Energie dieses Gedankens der Fülle strömt, strahlt und bringt sich auf ewig zum Ausdruck und versucht, auf der physischen Ebene in Erscheinung zu treten.

6. Diese strahlende schöpferische Energie aus dem göttlichen Gemüt ist Substanz. Während diese göttliche Gedanken-Energie in dein Bewußtsein und hinaus in die Welt der Erscheinungen fließt, um hier als glückliche Erfahrungen und Bedingungen zum Ausdruck zu kommen, bestimmst du durch den Klang und die Farbe deiner vorherrschenden Überzeugungen, welche Eigenschaften diese formbare Substanz in deinem Leben annimmt. Was du siehst, hörst, schmeckst, fühlst und riechst sind also *deine* vergegenständlichten Überzeugungen. Die Form und die Erfahrung sind nur Wirkungen – Erscheinungen –, und uns wird gesagt, nicht nach der Erscheinung zu urteilen. Etwas zu »beurteilen« heißt, daran zu glauben, anzunehmen, daß es wahr ist, zu folgern, daß es eine Tatsache ist. Doch uns wird geraten, genau das nicht zu tun. Warum? Weil das, was als Wirkung erscheint, in sich selbst keinen Wert besitzt. Eine Wirkung besitzt nur die Eigenschaften, die *du* ihr beimißt.

7. Geld ist eine Wirkung. Konzentrierst du dich auf diese Wirkung, dann vergißt du die Ursache, und wenn das geschieht, dann beginnt die Wirkung zu schwinden. Richtest du deine Aufmerksamkeit darauf, Geld zu *bekommen*, dann schließt du dich von der Versorgung aus. In diesem Augenblick mußt du damit aufhören zu glauben, daß Geld deine Substanz, deine Versorgung, deine Unterstützung, deine Sicherheit, dein Schutz ist. Geld ist all das nicht – aber Gott ist es! Wenn du diese Wahrheit erkennst und begreifst, dann fließt deine Versorgung ununterbrochen in vollkommener und überfließender Manifestation. Du darfst jedoch nur auf Gott als DIE Quelle schauen und mußt deine Aufmerksamkeit völlig von den äußeren Wirkungen abwenden.

8. Schaust du jedoch auf deine Arbeit, deinen Arbeitgeber, deinen Ehepartner oder deine Investitionen als die Quelle deiner Versorgung, dann schneidest du dich von der wirklichen Quelle ab. Es ist tatsächlich so, daß du den Zustrom unterbrichst, wenn du irgendeinen Menschen, einen Ort oder irgendeinen Umstand als deine Versorgung ansiehst. Räumst du irgendeinem sterblichen Wesen die Macht ein, der Kanal für deine Versorgung zu sein, dann begrenzt du dein Gutes.

9. Geld und andere sonstige Wünsche oder Besitztümer sind lediglich als äußeres Symbol des inneren Reichtums, der inneren

Versorgung anzusehen. Und die einzige Wirklichkeit dieses Symbols ist die Substanz, die der äußeren Manifestation zugrunde liegt. Geld ist das Symbol einer Vorstellung im göttlichen Gemüt (wie jeder anderen guten Sache). Die Vorstellung beinhaltet die All-Verfügbarkeit der Versorgung, um jedem Bedarf deines individuellen Lebens mit einem göttlichen Überfluß zu begegnen. Wenn die göttliche Vorstellung, die göttliche Idee in der Manifestation erscheint, geschieht das in Form eines Symbols: Geld. Doch das Geld ist nicht die Versorgung. Es ist vielmehr dein Bewußtsein Gottes ALS dein Reichtum, das deine Versorgung sicherstellt. Versuchst du aber, das Symbol zu sammeln, zu erwerben und zu besitzen (indem du dich auf das Symbol und nicht die Versorgung in deinem Innern konzentrierst), dann verschließt du der Manifestation die Türe.

10. Wünschst du dir mehr Geld, mehr Wohlstand in deinem Leben? Dann mußt du dein Bewußtsein von den Auswirkungen (Materialität) zur Ursache (Spiritualität) umlenken. Wenn du der Auswirkung Macht einräumst, dann ist das DEINE Macht. In Wirklichkeit gibst du also der Auswirkung Macht über dich selbst. Glaubst du, daß Geld Macht besitzt? Ist deine Antwort »ja« – dann hast du dem Geld DEINE Macht gegeben, und dadurch wirst du zu seinem Diener. Du hast dann die Rollen getauscht.

11. Die innere Gegenwart – dein Selbst – ist der wirkliche Geld-Macher. Es ist keinesfalls dein denkendes, überlegendes Gemüt. Deine EINZIGE Quelle ist die Gott-Gegenwart in deinem Innern. Wenn dein Gemüt bei der Quelle, der Ursache verweilt, dann fließt deine Versorgung unbegrenzt. Betrachtet es dagegen die Auswirkungen, wird der Zustrom blockiert. Je *unpersönlicher* du wirst bezüglich des Ursprungs deines Einkommens (Arbeitsstelle, Gehalt, Provisionen, Investment, Ehepartner etc.), um so *persönlicher* kann deine Beziehung zur wahren Quelle deiner Versorgung werden, und je enger die Beziehung zu deinem Gott-Selbst ist, um so größer ist auch der Wohlstand in deinem Leben.

12. Wende dich nach innen und beobachte die Tätigkeit dieser inneren Gegenwart. Das Wirken deines unendlichen Gemütes sieht und kennt nur Überfluß – und in diesem Meer des Wissens ist eine

spirituelle Idee vorhanden, die jeder einzelnen Form, jedem Ereignis, jedem Umstand, jedem Verhältnis und jeder Erfahrung entspricht, die du dir nur wünschen kannst. Die schöpferische Energie (Substanz) göttlicher Ideen ergießt sich auf ewig in vollkommene Manifestationen. Doch erinnere dich: Schaust du ständig auf die Auswirkungen, die sichtbare Form, dann schaffst du eine Mutation, eine weniger vollkommene Manifestation. Hältst du jedoch deine Aufmerksamkeit auf den Geist gerichtet, dann bleibt der Kanal offen für das äußere Erscheinen des Geistes nach dem Bild der göttlichen Ideen.

13. Es muß die Zeit kommen, wo du einem Geldbedarf dadurch begegnest, daß du dich vertrauensvoll auf das Meister-Selbst in deinem Innern verläßt – und nicht auf irgend etwas in der äußeren Welt der Form. Bis dies geschieht, wirst du in deinem Leben weiterhin Unsicherheiten in der Versorgung erfahren. Jede Seele *muß* diese Lektion lernen, und bis dahin erhält sie Gelegenheit in Form von scheinbarem Mangel und Begrenzung. Vielleicht erlebst du gerade in diesem Augenblick eine solche Herausforderung. In diesem Fall solltest du erkennen, daß sich dir jetzt die Möglichkeit bietet, auf die du schon gewartet hast, um die Wahrheit deines Geburtsrechtes zu beweisen. Du mußt wissen, daß diese ganze Erfahrung lediglich eine Täuschung ist, ein äußeres Bild deiner inneren Überzeugungen, eine Auswirkung deines Bewußtseins. Doch nun hörst du auf damit, dieser Täuschung, dieser Wirkung weiterhin Macht einzuräumen. Du hörst auf damit, diesen Gedanken weiterhin mit negativer Energie zu füttern, sondern ziehst deine Energie vom äußeren Bild ab und löschst es aus. Du entläßt dieses Bild in das Nichts, aus dem es kam.

14. Nimm heute deinen Platz als spirituelles Wesen ein und widerrufe jeglichen Anspruch auf menschliches Denken und Sterblichkeit. Sorge dich nicht darum, was in deiner Welt vor sich geht, unabhängig von deinen Befürchtungen bezüglich deiner Kreditoren, deiner Sicherheiten, deines Schutzes, deiner Zukunft. Wende dich ab von den Wirkungen, verabschiede dich von den äußeren Bildern falscher Überzeugungen und kehre zurück in das Haus des Vaters, das dir von Anbeginn bereitet war, seitdem du es unter dem Bann der Materialität verlassen hast. Wende deine Gedanken ab von Geld und materiellem

Besitz (den Auswirkungen) und konzentriere deinen Blickpunkt auf die verschwenderische Versorgung durch die göttliche Substanz, die immerdar aus deinem Meister-Bewußtsein im Innern strömt. Nimm jetzt deinen Platz ein und beweise Gott!

15. Mache Schluß damit, deine Rechnungen zusammenzuzählen, höre auf damit, das dir zur Verfügung stehende Geld zu zählen, und überlege nicht länger, von welcher menschlichen Person, von welcher Stelle oder durch welchen Umstand deine Versorgung kommen wird. Das ganze Universum steht auf den Zehenspitzen und beobachtet dich, betend, daß du die negativen Erscheinungen dieser Welt der Täuschung losläßt und dein göttliches Erbe beanspruchst. Jetzt ist die richtige Zeit – heute ist der richtige Tag. Wenn du diesen Test bestehst, brauchst du es nie wieder zu tun. Doch wenn du menschlichem Druck und weltlichem Denken nachgibst, um vorübergehende finanzielle Erleichterung aus der Welt der Wirkungen zu erhalten, dann mußt du zurück ins Klassenzimmer und diese Lektion noch einmal lernen.

16. Sage dir selbst mit tiefem Gefühl: »Ab heute (nenne das genaue Datum) höre ich damit auf zu glauben, daß sichtbares Geld meine Versorgung, meine Unterstützung ist. Ich betrachte die Welt der Wirkungen als das, was sie wirklich ist... nämlich als das äußere Bild meiner früheren Überzeugungen. Ich glaubte an die Macht des Geldes, daher übergab ich meine mir von Gott gegebene Macht und Autorität den vergegenständlichten Überzeugungen. Ich glaubte an die Möglichkeit des Mangels und bewirkte dadurch eine Trennung im Bewußtsein von der eigentlichen Quelle meiner Versorgung. Ich glaubte an sterbliche Menschen und weltliche Bedingungen, und durch diesen Glauben gab ich den Menschen und den Bedingungen Macht über mich. Ich glaubte an sterbliche Täuschung, die durch das kollektive Bewußtsein fehlerhaften Denkens geschaffen wurde, und durch dieses Verhalten habe ich das Unendliche begrenzt. Das ist jetzt vorbei! Heute widerrufe ich meine sogenannte Menschlichkeit und beanspruche mein göttliches Erbe als ein Wesen Gottes. Ab heute anerkenne ich Gott und nur Gott als meine Substanz, meine Versorgung, meine Hilfe.«

17. Präge nun deinem Gemüt diese Gesetze tief ein:

• Gott ist verschwenderische, nie versagende Fülle, die reiche, allgegenwärtige Substanz des Universums. Diese alles-versorgende Quelle unendlichen Wohlstands ist als ich individualisiert – als meine Wirklichkeit.

• Ich erhebe mein Denken und mein Fühlen zum Gewahrsein, zum Verständnis und zum Wissen, daß diese göttliche Gegenwart, die ICH BIN, die Quelle und Substanz all meines Guten ist.

• Ich bin mir der inneren Gegenwart als meiner verschwenderischen Versorgung bewußt. Ich bin mir des immerwährenden Wirkens dieses Gemütes unendlichen Wohlstands bewußt. Daher ist mein Bewußtsein mit dem Licht der Wahrheit erfüllt.

• Durch das Bewußtsein meines Gott-Selbst, des Christus im Innern, der meine Quelle ist, ziehe ich in mein denkendes und fühlendes Gemüt die wahre Substanz des Geistes. Diese Substanz ist meine Versorgung, daher ist mein Bewußtsein der Gegenwart Gottes in meinem Innern meine Versorgung.

• Geld ist nicht meine Versorgung. Kein Mensch, keine Stelle, kein Zustand ist meine Versorgung. Mein Gewahrsein, mein Verständnis, mein Wissen dieser alles-versorgenden Tätigkeit des göttlichen Gemütes in meinem Innern ist meine Versorgung. Mein Bewußtsein dieser Wahrheit ist unbegrenzt, daher ist auch meine Versorgung grenzenlos.

• Meine innere Versorgung nimmt unmittelbar und fortwährend Form und Erfahrung an; sie entspricht meinen Bedürfnissen und Wünschen, und als das Prinzip der Versorgung in Aktion kenne ich weder unerfüllte Wünsche noch Bedürfnisse.

• Ich bin das göttliche Bewußtsein, das immerwährend sein wahres Wesen der Fülle zum Ausdruck bringt. Dies ist seine Verantwortung – nicht die meine. Meine einzige Verantwortung liegt darin, mir der Wahrheit bewußt zu sein. Daher lasse ich vertrauensvoll alles los und lasse Gott als die Fülle meiner Versorgung in allen Aspekten und Bereichen zum Ausdruck kommen.

• Mein Bewußtsein des Geistes in meinem Innern als meine nie versagende Quelle ist die göttliche Macht, die die verlorenen Jahre ausgleicht, alle Dinge neu macht und mich überströmenden Wohlstand erfahren läßt. Dieses Gewahrsein, Verständnis und Wissen des Geistes *erscheint* als *jede sichtbare Form und Erfahrung, die ich möglicherweise wünschen könnte.*

- *Wenn ich mir des Gott-Selbstes in meinem Innern* als *meine umfassende Erfüllung bewußt bin, dann bin ich ganz erfüllt. Ich bin mir jetzt dieser Wahrheit bewußt. Ich habe das Geheimnis des Lebens gefunden und ruhe in dem Wissen, daß das Wirken der göttlichen Fülle sich auf ewig in meinem Leben zum Ausdruck bringt. Ich brauche mir nur des Zustroms der Strahlung dieser schöpferischen Energie bewußt zu sein, die immerwährend, mit Leichtigkeit und ohne Mühe aus meinem göttlichen Bewußtsein hervorströmt. Ich bin mir jetzt meines Gott-Selbstes bewußt. Ich bin jetzt in diesem Strom.*
- *Ich wende mein Denken und Fühlen von »dieser Welt« ab und lenke meine ganze Aufmerksamkeit auf Gott im Innern als einzige Ursache meines Wohlstands. Ich anerkenne die innere Gegenwart als die einzige Aktivität in meinen finanziellen Angelegenheiten, als die Substanz aller sichtbaren Dinge. Ich setze mein Vertrauen auf das Gesetz der Fülle, das in mir zum Ausdruck kommt.*

Dein spirituelles Programm

Hier ist ein Programm, das dir hilft, dir des überströmenden Wohlstands in deinem Leben und deinen Angelegenheiten bewußt zu werden. Das Bewußtsein braucht 40 Tage, um ein subjektives Verständnis einer Wahrheit zu erfassen oder zu entwickeln. Eine Unterbrechung während des Zeitraums von 40 Tagen gibt die Energie wieder frei, die sich um diese Vorstellung oder Idee herum aufgebaut hat. Du mußt daher die feste Entscheidung treffen, dieses Programm an 40 aufeinanderfolgenden Tagen durchzuführen – und wenn du nur einen Tag versäumst, wieder von vorne zu beginnen und mit dem Programm fortzufahren, bis du den gesamten Zeitraum durchgehalten hast. Du solltest so vorgehen:

– Setze ein bestimmtes Datum fest, an dem du mit deinem Programm beginnst, wie z. B. der Beginn einer Woche. Zähle 40 Tage weiter und kennzeichne diesen Tag in deinem Kalender.

– Am ersten Tag des Programms schreibst du die Aussagen unter Punkt 17. in dein spirituelles Tagebuch.

– Wir haben hier zehn Aussagen erstellt. Lies jeden Tag EINE Aussage. Das heißt also, im Verlauf der 40 Tage machst du dir jede Aussage viermal bewußt.

– Nach dem Lesen der täglichen Aussage – entweder direkt nach dem Aufstehen oder bevor du am Abend schlafen gehst – solltest du über diese Aussage wenigstens 15 Minuten kontemplieren. Tue das mit großer Nachdenklichkeit und tiefen Gefühlen. Laß diese Vorstellungen dein Bewußtsein ganz erfüllen.

– Schreibe nach der Kontemplation alle Gedanken in dein spirituelles Tagebuch, die in dir auftauchen. *Stelle sicher, daß du dies wirklich jeden Tag tust!*

– Wenn du wöchentlich in einer Arbeitsgruppe oder Studiengruppe mit anderen Quartus-Mitgliedern zusammenkommst, solltest du die Gedanken aus deinem spirituellen Tagebuch mit den Mitgliedern der Gruppe teilen und darüber diskutieren, um noch tiefere Erleuchtung und Einsicht zu gewinnen.

– Da du schon *jetzt* an die All-Verfügbarkeit der Versorgung (alles, was der Vater hat, ist dein) angeschlossen bist, kannst du deinem Unterbewußtsein diese Wahrheit beweisen, indem du andere regelmäßig an deiner Versorgung teilhaben läßt. Geben ist eine esoterische Wissenschaft, die noch stets Ergebnisse hervorgebracht hat, wenn es in Liebe und Freude geschah, denn das Gesetz überschüttet uns verstärkt und vervielfacht. Doch gibst du den Zehnten nur (ich ziehe den Ausdruck »teilhaben lassen« vor) als eine mechanische und wohlberechnete Methode, um Gott zu gefallen, Schuld abzuladen, und einem Gefühl der Verpflichtung zu folgen, also mehr einen Tauschhandel mit dem Gesetz zu treiben, dann hat davon niemand einen Nutzen – nicht einmal der Empfänger. Gib voller Liebe, Freude und mit einem Gefühl des Vergnügens, und die Fenster des Himmels werden mit einem Windstoß aufgeworfen.

14. KAPITEL

Dein Bewußtsein ist dein Glaube

1. Das gesamte Universum besteht nur aus reiner Gott-Energie – vibrierend – denkend – wissend... allgegenwärtig, allwissend, allmächtig. Und diese göttliche Strahlung umfaßt auch die Eigenschaft des absoluten Glaubens – der absoluten Überzeugung, des absoluten Vertrauens, der absoluten Sicherheit von Sich Selbst.

2. Da sich diese unendliche Gegenwart und Macht der absoluten Treue als du zum Ausdruck bringt, und Sich als das gesamte Universum individualisiert, schließt Sie auch die unglaubliche Energie des Glaubens als eine deiner göttlichen Eigenschaften ein. Diese Kraft ist die wahre Grundlage deiner Seele – die Energie deines Bewußtseins.

3. Glaube *ist* dein Bewußtsein. Du denkst, fühlst, sprichst und handelst deinem Bewußtsein und deinem Glauben entsprechend. Glaube ist die Substanz (schöpferische Energie) der gewünschten Dinge, der Beweis nichtsichtbarer Dinge. Es ist also dein Bewußtsein, das dem, was du in deiner Welt erfährst (die Substanz dessen), zugrunde liegt und unterstützt. Dein Bewußtsein ist der *augenblickliche* Nachweis dafür, was du in deinem Leben erfahren wirst, wenn sich dein Denken und Fühlen im Äußeren zeigen.

4. Ist dein Bewußtsein von Sorge und Angst erfüllt, dann ist dort dein Glaube. Du setzt dein Vertrauen in die Möglichkeit und Wahrscheinlichkeit von Unglück, Mangel und Begrenzung. Dein Bewußtsein, das dein Glaube ist, deine Substanz, muß nach dem Gesetz durch sich selbst wirken. Damit erschaffst du als schöpferische Energie in deiner Welt genau die Verhältnisse und Bedingungen, die du fürchtest (woran du glaubst).

5. Alles in deinem Leben vibriert entsprechend einer bestimmten

Frequenz und Stimmlage. Dein Körper, dein Heim, dein Auto, deine Kleidung, deine Arbeit, deine Beziehungen und deine finanziellen Mittel sind Ausdruck der in Bewegung befindlichen Energie; sie alle schwingen in absoluter Genauigkeit zur Schwingung deines Bewußtseins. Die Schwingung deines Glaubens hat das angezogen, was du in dieser Welt hast und erfährst, denn *Gleiches zieht Gleiches an*. Wo ist dein Glaube? Schaue dich um. Wenn dein Glaube sich um die All-Verfügbarkeit dreht, dann zeigt sich das in deinem Leben. Glaubst du jedoch, daß du »gerade so hinkommst«, dann zeigt sich auch das in deiner Welt. Und hat dein Glaube das Unzureichende gewählt, wirst du nie genug haben, um deine Bedürfnisse zu erfüllen. Deine Welt reflektiert nur das, woran du glaubst.

6. Die Fähigkeit *göttlichen* Glaubens (Glaubensenergie pulsiert entsprechend ihrer göttlichen Schwingung) mag im Augenblick nur ein winziges Licht in deinem Unterbewußtsein sein. Doch Jesus sagte, wenn unser Glaube nur so groß wie ein Senfkorn sei (oder eben nur so groß wie ein winziges Licht), dann könnten wir Berge versetzen. Und Jesus hat ganz bestimmt keinen Spaß gemacht. Wenn er etwas sagte, konnte man darauf sein Leben verwetten. Doch fragen wir uns: »Und was ist mit diesem Berg voller Schulden, dieser Spitze der Verzweiflung in meinen Beziehungen, diesem Vulkan, der in meinem Körper ausgebrochen ist, und den wachsenden Sorgen bezüglich meiner Karriere?« Könnte es sein, daß du dieses Kraftzentrum bisher nicht als Teil deines individualisierten kosmischen Systems erkannt hast? Könnte es wahr sein, daß du dir der unerschöpflichen Kraft, die dir zur Verfügung steht, bisher nicht *bewußt* geworden bist?

7. Vielleicht warst du dir bisher der Energie des Glaubens nicht bewußt, und doch hast du sie schon eingesetzt. Aber auch wenn du diese Kraft nicht kanntest, sie war doch zu allen Zeiten grundlegender Bestandteil all deines schöpferischen Tuns – und viele dieser Schöpfungen waren negativer Art. Du hast durch diese Energie des Glaubens Krankheiten erschaffen – durch den Glauben an Zugluft, Wetter, Veranlagung, Bazillen, Viren, Abnutzung und Anspannung. Und durch deine Kraft des Glaubens hast du Mangel und Begrenzung erschaffen – durch den Glauben an die Wirtschaft, an Geld als die

Quelle deiner Versorgung, an die Absichten anderer Menschen, durch den Glauben an deine eigenen Planungen und Manipulationen. Du bist da nicht alleine. Wir alle haben uns durch unseren Glauben eine Welt der Täuschung aufgebaut. Immer dann, wenn wir über unsere Angst vor etwas reden, dann glauben wir an dieses Etwas. Was wir am meisten befürchtet haben, ist über uns gekommen, weil unser Glaube es angezogen hat. Sind wir überzeugt davon, daß etwas Negatives in unser Leben einbrechen kann, dann sind wir diesem Negativen ausgeliefert. Glauben wir an die Möglichkeit von Unfall, Krankheit, Versagen, Leid oder Kummer, so verringern wir die Schwingung unseres Glaubens und senden die negative Energie aus, die das Unglück in unser Leben zieht.

8. Sobald wir uns der Kraft unseres Glaubens gewahr werden, beginnt die Energie aus diesem Zentrum nach dem göttlichen Standard, der ursprünglichen hohen Schwingung, für uns zu wirken.

Betrachte es einmal so: Wenn du *nicht weißt*, daß du eine bestimmte Fähigkeit besitzt, eine spezifische Kraft, dann sind deine Aktivitäten und Entscheidungen von einer äußeren Macht abhängig. Durch diesen Glauben überträgst du deine Gott-gegebene Macht, von der du nichts wußtest, an eine sogenannte »äußere Macht«, d. h. du gibst deine Macht auf. Diese äußeren Kräfte sind dann der Meister, und du wirst zum Diener. Begreifst du jedoch, daß du über eine unglaubliche Kraftquelle in deinem Innern, in deinem Bewußtsein verfügst – ein Zentrum, das die Kraft Gottes in dir repräsentiert – dann rufst du die reine Form dieser Energie hervor, um dein Leben zu verwandeln.

Dein spirituelles Programm

Wir wollen nun der Glaubensenergie, die du bisher häufig negativ eingesetzt hast, eine andere Richtung geben. Sage dir selbst, zunächst laut und dann mit tiefer Empfindung ganz leise: *Ich bin die Kraft des Glaubens!* Spiele eine Weile mit diesem Gedanken und lasse ihn in dein Gemüt sinken. Fühle die Schwingung dieser Vorstellung, während sich dein gesamtes Energiefeld zu stärken, zu festigen beginnt und sich mit dieser Substanz füllt.

Kontempliere nun ganz langsam die folgenden Aussagen:

»Ich glaube, daß Gott ALLES tun kann. Ich glaube, daß Gott ALLES durch mich tun kann. Ich glaube, daß Gott alles ALS ich tun kann. Gott ist mein Selbst. Daher vermag ich alles. Für Gott ist das Beste gerade gut genug, daher akzeptiere auch ich das Beste.«

Die reine Energie des Glaubens fließt jetzt durch dein Bewußtsein, wandelt die negativen Frequenzen und stellt die spirituelle Schwingung der Seele wieder her. Und mit dieser Art des Bewußtseins kannst du »Königreiche bezwingen, Gerechtigkeit bewirken, Verheißungen erlangen, der Löwen Rachen verstopfen, des Feuers Kraft auslöschen und der Schärfe des Schwertes entrinnen« (Hebr. 11, 33:34).

Deine Glaubenskraft befindet sich im oberen Teil deines Energiefeldes, das dem Zentrum deines physischen Gehirns entspricht. Setze also zunächst dein denkendes Gemüt ein, um mit dieser Kraft in Kontakt zu kommen. Sieh die Glaubenskraft mit deinem inneren Auge an der Stelle auf halbem Wege zwischen deinen Augen und dem Hinterkopf als einen kleinen Lichtkreis. Achte darauf, was geschieht, wenn du dir dieses Lichtes gewahr wirst und dich darauf zu konzentrieren beginnst. Es wird leuchtender, strahlt zunächst nach oben aus, füllt deinen Kopf und bewegt sich aufwärts, bis der gesamte obere Teil deines Energiefeldes in strahlendes Licht getaucht ist. Dann strahlt das Licht nach außen, nach allen Seiten deines Energiefeldes bis hin zu den äußeren Grenzen. Nun bewegt es sich abwärts, bis dein gesamtes Bewußtseinsfeld mit pulsierender Energie gefüllt ist. Übe diesen Vorgang in dem Wissen, daß du siehst, wie sich reine göttliche Energie durch deinen mentalen, emotionalen und physischen Körper ausdehnt, um dein Sein mit der hohen Schwingung des Glaubens zu reinigen, zu verwandeln und zu durchdringen.

Nach dieser Übung führst du dein Bewußtsein mit der Glaubensenergie in das Herzzentrum. Spüre diese Kraft direkt in deinem Herzchakra. Fühle die Schwingung und sprich diese Worte zunächst laut und dann leise nach:

»Ich liebe den Glauben, der ICH BIN, mit meinem ganzen Herzen,

und jetzt ziehe ich die Allmacht dieser unglaublichen Energie zu mir und befehle ihr, mein fühlendes Wesen mit ihrer Kraft zu erfüllen. Tritt hervor, mein Glaube! Durchdringe meine Gefühle mit vollkommenem Vertrauen, völliger Gewißheit, vollkommener Überzeugung in mich selbst als ein Wesen Gottes. ICH BIN Substanz. ICH BIN schöpferische Energie. ICH BIN Gott, der sich durch mich zum Ausdruck bringt. Durch diese reine Energie des Glaubens fühle ich die Wahrheit!«

Lenke nun dein Bewußtsein mit dieser Glaubensenergie bis zum Halschakra und spüre die neue Stärke in deinem Hals. Sprich die folgenden Worte zunächst laut und dann leise mit tiefem Gefühl:

»Durch die Kraft des Glaubens spreche ich das Wort, und es wird nicht leer zu mir zurückkehren. ICH BIN auf Erden manifestierte Allmacht. ICH BIN grenzenlos. Ich habe die Kraft, und ich setze diese Kraft auf rechte Art und Weise und liebevoll im Namen des Allmächtigen Gottes ein.«

Führe nun deine Aufmerksamkeit mit der Glaubensenergie an den Punkt zwischen den Augenbrauen und sprich diese Worte zunächst laut und dann leise mit großer Konzentration:

»ICH BIN ein Meister-Bewußtsein, geschaffen nach dem Bilde Gottes, und ich widme mein Denken und Fühlen dem Dienste Gottes und allen göttlichen Wesen allüberall. Mein Gemüt ist erfüllt von Kraft, erfüllt mit der Energie des Glaubens, und so vermag ich alles.«

Lenke nun deine Aufmerksamkeit auf den Punkt gerade über der Mitte deines Kopfes und sprich diese Worte zunächst laut und dann leise mit großer Ehrfurcht:

»Ich setze meinen Glauben in die Wirklichkeit, die ICH BIN, als der wahre Christus Gottes. Ich lasse jetzt meine Welt das Wirken der göttlichen Liebe, des Lebens und der Fülle widerspiegeln, denn mein Glaube hat mich gesund gemacht.«

Arbeite täglich mit dieser Kraft des Glaubens in dem Wissen, daß diese ehrfurchtsvolle Kraft die Tiefen deines Bewußtseins durchdringt und alle fehlerhaften Gedanken und negativen Überzeugungen verbrennen wird. Dies ist der Felsen, auf den du den Grundstein legst für ein erfülltes, glorreiches und dauerhaftes spirituelles Bewußtsein. Dies ist wirklich der Schlüssel zur Meisterschaft!

15. KAPITEL

Spirituelle Stärke und Weisheit

1. Wenn sich das Kraftzentrum des Glaubens öffnet (erwacht), dann strahlt diese Energie aus in drei weitere Zentren, zu denen es in enger Wechselbeziehung steht. Dies sind Stärke, Weisheit und Liebe. Über Stärke und Weisheit wollen wir jetzt sprechen und die Liebe im nächsten Kapitel behandeln.

2. Die Stärke, auf die wir uns hier beziehen, wird beschrieben als spirituelle Festigkeit und mentale Stabilität... Vernunft, Kühnheit und Mut, Unerschütterlichkeit des Bewußtseins. Damit ist gemeint, daß wir unser Gewahrsein, unser Verständnis und unser Wissen über GOTT festigen müssen, indem wir jedes Gefühl spiritueller Schwäche auslöschen und die Majestät und Großartigkeit unseres wahren Wesens zum Vorschein bringen. Wenn das Zentrum der Stärke erwacht (es befindet sich in deinem Energiefeld in den Lenden und im Rückgrat zwischen Hüftknochen und Rippen), vermittelt es ein Gefühl innerer Haltung, von Vertrauen und großer Stabilität.

3. Die Stärke ist ein »Bruder« des Glaubens –, und fällt eines dieser Kraftzentren in der Schwingung ab, so steigert das andere Zentrum sein Tempo, um so den Verlust auszugleichen und die Balance wiederherzustellen. Doch dieser Vorgang findet nur statt, wenn du die feste Entscheidung getroffen hast, zu deinem göttlichen Wesen zu erwachen. Die Entwicklung eines spirituellen Bewußtseins und das Erwachen des Kraftzentrums gehen Hand in Hand. Das eine ist nicht möglich ohne das andere.

4. Wenn du mit der Kraft des Glaubens zu arbeiten beginnst, wie wir dies im vorigen Kapitel beschrieben haben, dann erfolgt automatisch eine Wechselwirkung mit dem Kraftzentrum der Stärke. Du empfin-

dest sofort diese neue Kraftschwingung des Bewußtseins. Glaube und Stärke unterstützen sich gegenseitig. Wenn deine Aufmerksamkeit jetzt auf eine negative Situation fällt und dein Glaube wankt für einen Augenblick, dann erhebt sich sofort die Kraft der Stärke und sagt: »Was hat das mit dir zu tun? Höre damit auf, an die Erscheinungen dieser Welt zu glauben!« Und dein Ego schlägt zurück und sagt: »Doch, ich habe nicht genug Geld, um die Rechnungen zu bezahlen.« Und dein fester Glaube an Gott läßt dich antworten: »Was weißt DU denn schon? Ich bin stark im Herrn, der ICH BIN, und ich lehne eine solche Täuschung ab. Ich bin die individualisierte Fülle des Universums, und ich treffe jetzt die Entscheidung, All-Verfügbarkeit zum Ausdruck zu bringen, um jedem Bedarf zu begegnen und genügend übrig zu haben zum Sparen und Teilen.«

5. Vielleicht sagt das Ego später: »Ich fühle mich nicht wohl. Ich glaube, ich werde krank.« Doch deine mentale Unerschütterlichkeit antwortet: »Das ist eine Lüge! Der Geist des lebendigen Gottes, der ICH BIN, ist mein Leben. Gottes Leben kann nur vollkommen sein. Daher bin auch ich gesund, vollkommen und wunderbar HEIL.« Noch später sagt vielleicht dein kleines Ich: »Aber...« und du wehrst sofort ab – »Hier gibt es keine ABER. Ich stehe fest im allmächtigen Christus, der ICH BIN, ich erlaube keinen falschen Überzeugungen oder negativen Gefühlen, in mein Bewußtsein einzutreten. Ich weigere mich, dieses dumme Spiel weiter mitzuspielen!«

6. Wenn Glauben und Stärke entwickelt werden, dann öffnet sich auch das Weisheitszentrum in wunderbarer Weise, und du wirst über die sogenannte »Vernunfts«-Ebene hinausgehoben. Vernunft ist eine feine Sache für den Mann oder die Frau auf der dreidimensionalen Ebene, doch wenn du weiterhin aus diesem Bereich wirkst, und dies gilt besonders für »vernünftige« Furcht, dann wirst du Meisterschaft niemals erreichen. Nehmen wir an, du hättest eine Entscheidung bezüglich deiner Arbeitsstelle oder deines Berufes zu treffen. Der Verstand sagt dir, du solltest aus Sicherheitsgründen bleiben, wo du bist. Doch was hat der Geist in dieser Angelegenheit zu sagen? Nimm die Frage in dein Inneres und bitte um spirituelles Licht und Verständnis. Vielleicht sagt dir dann deine Intuition, mutig und voller Glauben

zu handeln – und die neue Karrieremöglichkeit ist wahrlich der Trittstein zu deinem wahren Platz im Leben. Einer meiner Freunde hatte ein Gefühl in seinem Magen, daß er seinen sicheren und wohlbezahlten Arbeitsplatz aufgeben und ein völlig neues und davon ganz und gar unabhängiges Geschäft eröffnen sollte. Er folgte seiner inneren Führung – trotz des zunächst erheblich verminderten Einkommens –, doch innerhalb weniger Jahre war er Multimillionär. Was er tat, war das perfekte Beispiel für Unvernunft!

7. Wenn dein Weisheitszentrum aktiver wird, weißt auch du, was du tun mußt, ohne durch einen langen und »logischen« Überlegungsprozeß zu gehen. Du wirst *fühlen*, daß ein bestimmtes Vorgehen richtig ist – und ohne Zögern handeln. Der Unterschied zwischen richtiger Beurteilung und gesundem Menschenverstand? Das eine beruht auf dem Geist als *Ursache*, während das andere gewöhnlich nach der äußeren Welt der Wirkung beurteilt wird. Wenn du mit deinen Kraftzentren von Glauben und Stärke arbeitest, wirst du weder ängstlich noch übervorsichtig bei deinen Handlungen sein – doch gleichzeitig handelst du auch weder zwanghaft noch unüberlegt. Deine Handlungen sind geleitet durch die Intuition und Inspiration des Geistes. (Das Weisheitszentrum befindet sich im Energiefeld eines Menschen im Bereich des Solarplexus in der Magengrube, nahe der Bauchspeicheldrüse.)

8. Denke daran: Nicht dein Ego ist allweise. Wie Sokrates schrieb: »Das Orakel in Delphi sagte, ich sei der weiseste aller Griechen. Doch dies sagte es nur, weil ich als einziger Grieche wußte, daß ich nichts weiß.« Und das trifft auch auf dich zu. Doch ist dein Weisheitszentrum erwacht, dann wird dein Bewußtsein zu dem Kanal, durch den die Weisheit, das Verständnis und das Wissen des allwissenden Christus-Bewußtsein fließt. Und das ist auch gemeint, wenn wir davon sprechen, daß jemand erleuchtet ist.

Spirituelle Behandlung für Stärke:

»Ich bin die Kraft der Stärke, ich bin kraftvoll. Ich bin stark in der Stärke des Gottes, und ich bin standhaft und fest entschlossen, nur das Gute zu sehen. Mein Herz ist frei von Furcht, und ich kenne nur noch das Gefühl des Sieges. Nur das direkte Einwirken Gottes berührt mich, und Gott ist mein allmächtiges Selbst. Ich vermag alles durch die Stärke des Christus in mir, die ICH BIN. ICH BIN STÄRKE.«

Spirituelle Behandlung für Weisheit:

»Ich bin die Kraft der Weisheit, und ich fordere diese Kraft jetzt auf, mein Denken und Fühlen mit dem Licht vollkommenen Urteils und vollkommener Intuition zu erfüllen. Durch Christus in mir, den wahren Geist Gottes, der ICH BIN, ist all mein Tun richtig und vollkommen. Ich weiß jederzeit und in jeder Situation, was ich zu tun habe. Ich tue immer das, was richtig ist, weil es das Richtige ist. ICH WEISS ES! ICH FÜHLE ES! Ich weiß und fühle genau, daß spirituelles Wissen und Inspiration jeden Schritt meines Weges lenken. Gott macht alles richtig, und auch ich treffe nur richtige Entscheidungen, weil ich mir der Gegenwart in meinem Innern bewußt bin. Ich bin mir jetzt dieser Gegenwart bewußt, und ich bin erfüllt und begeistert durch die Weisheit des Geistes. ICH BIN WEISHEIT!«

16. KAPITEL

Die Kraft der Liebe

Laß mich an diesem Punkt einige Aussagen von Gruppenmitgliedern erwähnen, während wir in diesem imaginären Kreis zusammensitzen. Vielleicht sind nicht genau diese Worte gefallen, doch, um Emerson zu zitieren, dein Bewußtsein spricht lauter als Worte. Das ist durchaus keine Beurteilung, denn alles, was wir im anderen sehen, finden wir in uns selbst.

1. Du meinst also, du könntest so herumsitzen, deine Nase hochhalten und dich von anderen bedienen lassen. Du verhältst dich wie eine Mimose, und wenn das, was ein anderer tut, nicht deinen Erwartungen entspricht, fühlst du dich abgelehnt. Und du sagst, du wärest ein Metaphysiker, der lebt, was er weiß!

2. Und du mit dem Kurzschluß. Du bezeichnest dich selbst als Wahrheitsschüler – das steht doch als Synonym für die Ausübung der Kunst des Liebens –, doch du hast nur die Kunst entwickelt, wie du die Geduld verlierst, ärgerlich wirst und einen Wutanfall bekommst. Und dann wunderst du dich, weil dein Leben nicht heil und vollkommen ist.

3. Und du, der großartige Umarmer! Du verstehst es wirklich, in der Öffentlichkeit Anteilnahme zu zeigen, doch die Bitterkeit, die du hinter deinen geschlossenen Türen zum Ausdruck bringst, reicht durchaus, um deinen Blutdruck hoch zu halten und dafür zu sorgen, daß dir deine Nackenschmerzen auf ewig erhalten bleiben. Kannst du nicht lieben, wenn du alleine bist?

4. Und du, der »Entwickelte«. Du gibst vor, die Wahrheit zu kennen – und doch hegst du noch Ablehnung gegenüber Menschen, mit denen du jetzt oder früher zu tun hattest. Wir entwickeln uns durch Liebe – und nicht umgekehrt.

5. Und du mit der scharfen Zunge. Wie du deinen Minister kritisierst – natürlich nicht, wenn er anwesend ist! Doch wenn man dich fragt, welche Aufgabe du im Leben erfüllst, dann sagst du, daß du damit nicht weiterkommst, weil niemand dich versteht. Wie könnte man dich verstehen, da du doch nicht die universale Sprache bedingungsloser Liebe sprichst.

6. Und du, der du zwischen allen Stühlen sitzt. Der Wechsel in deinem Bewußtsein ist neutral, und obgleich du ständig den Motor deines Fühlens und Denkens auf Hochtouren laufen läßt, gehst du nirgendwo hin. Und der Grund ist, daß du noch nicht damit begonnen hast, dein liebevolles Wesen zum Ausdruck zu bringen, denn Liebe ist die Antriebskraft des Universums.

7. Ich könnte sicher noch viele Beispiele dieser Art anführen, aber ich bin sicher, du hast mich längst verstanden. Wenn dein Leben nicht von Reichtum, Gesundheit und Erfüllung überströmt, dann befindest du dich nicht im Einklang mit deiner Liebesschwingung. Wenn dir das Leben mehr schenken soll, mußt du zuerst dem Leben mehr schenken. Verströme Liebe, dann wird dir das Königreich zuteil.

8. Aus Liebe wurde das Universum erschaffen, und Liebe ist auch der Stoff, aus dem das Universum geschaffen wurde. Liebe ist Bewußtsein und auch die Gedanken des Bewußtseins. Liebe ist die Antriebskraft aller Schöpfung. »Und Gott sprach...« Und das Wort war Liebe... und die Kraft des Wortes war Liebe... und die Manifestation der Kraft war Liebe. Alles IST Liebe!

9. Das unendliche Alles ist die reine Essenz der Liebe. Diese unendliche Liebe denkt – vollkommene Liebe, kontempliert – vollkommene Liebe, liebt alles, was sie tut. Dieser Vater-Mutter-Gott gebar das vollkommene Abbild der Liebe, das zum ersten Gesetz wurde, zum ewig-lebenden männlich-weiblichen Prinzip, zum ICH BIN DER ICH BIN, zum wahren Wesen des Liebe-Selbst eines jeden einzelnen Menschen. Und dieser Geist der Liebe bringt sich zum Ausdruck als du, als ich, als jedes lebende Wesen, als alles, was ist.

10. Im Anfang kanntest du nur die Liebe. Und deine materiellen Schöpfungen waren geboren aus der Liebe, denn du warst ein Mit-Schöpfer Gottes und brachtest nur Manifestationen hervor, die der

göttlichen Vorstellung der Liebe entsprachen. Doch selbst ein Kind der Liebe besitzt freien Willen, und dann entschiedest du dich, ohne die Hilfe der Vater-Mutter-Liebe in deinem Innern, Formen und Erfahrungen zu schaffen. Und als du begannst, dich mit den von dir geschaffenen Schöpfungen zu identifizieren, schloß das materielle Bewußtsein dich von der Liebesschwingung aus. Und doch warst du noch – und wirst es immer sein – ein spirituelles Wesen der Liebe.

11. Viele Männer und Frauen haben ihr wahres Wesen der Liebe wiederentdeckt (sind erwacht zu ihrem wahren Wesen), die innere Tür geöffnet und empfangen nun wieder die Energie der Liebe, die ihr Bewußtsein erfüllt und alle fehlerhaften Muster der Vergangenheit auslöscht, so wie das Licht die Dunkelheit vertreibt. Diese Menschen bezeichnen wir als Gott-Menschen.

12. Bist du ein solcher Mensch? Wenn dies zutrifft, dann weißt du, daß du Geist bist, daß Geist Liebe ist, und daß Liebe das Wirken des Geistes ist. Du weißt, daß der Geist sich selbst zum Ausdruck bringt, und da du dieser Selbstausdruck bist, bist du reine Liebe. Und du bist dir auch bewußt, daß die Liebe, die dich geschaffen hat, dich auf ewig erhält. Wie sehr doch dein Gott-Selbst dich liebt! Du WEISST es, und du bist dir auf ewig dieser frohen Wahrheit bewußt!

13. Entspanne dich jetzt in dem Wissen, daß der Geist Gottes in dir – DEIN Geist – dich mit allem, was Er ist – liebt und du nicht bestehen würdest, wenn nicht seine ganze Liebe ALS du in Erscheinung träte – und lasse die Lasten von deinen Schultern fallen. Sprich zu dir selbst:

»Da die einzige Gegenwart und Kraft des Universums mich liebt und erhält, was könnte es geben, wovor ich mich fürchten müßte? Nichts – gar nichts. Liebe heilt. Liebe vermehrt. Liebe schützt. Liebe wacht. Liebe erschafft. Liebe macht alle Dinge neu. So lasse ich Liebe vor mir hergehen, um alle Unebenheiten meines Lebens auszugleichen. Ich setze mein Vertrauen in Gottes Liebe für mich, und ich bin so frei, wie ich erschaffen wurde!«

14. Dein Gott-Selbst wird dein Leben wiederherstellen und deine Welt in einen Garten des Friedens, der Freude, Schönheit, Fülle und Erfüllung verwandeln. Doch bedenke, du bist ein Mit-Schöpfer Gottes, nicht nur ein leerer Projektor, durch den die Bilder auf die

Leinwand deiner Welt geworfen werden. Du hast eine Rolle zu spielen, und diese Rolle besteht darin, als bewußter Teilnehmer des strahlenden Zentrums göttlicher Liebe zu wirken.

15. Dein »Zentrum« – ein anderes Wort für dein Energiefeld – umfaßt Gedanken, Gefühle, Worte und Taten. Wenn du also ein Mit-Schöpfer des Geistes der Liebe bist, mußt du Liebe denken, Liebe fühlen, Liebe sprechen und mit Liebe handeln. Dein erster Gedanke der Liebe sollte darauf gerichtet sein, auf die Liebe zu antworten, die dir dein Gott-Selbst seit Ewigkeit zufließen läßt. Da die Gegenwart in deinem Innern dich mit der Fülle göttlichen Bewußtseins liebt, solltest du da diese Wirklichkeit nicht erwidern, indem du sie mit ganzem Herzen, mit ganzer Seele, mit deinem ganzen Sein und aller Kraft liebst? Kannst du nicht dieser Liebe dadurch deine Dankbarkeit zeigen, daß du die Liebe in vollem Maß erwiderst? Gelingt dir das, ist die Verbindung wiederhergestellt, und die zwischen euch aufgerichtete Trennwand wird fortgeweht.

16. Wende dich nach innen und sprich:

»Ich danke dir für deine Liebe. Ganz gleich, was ich auch in der Vergangenheit getan haben mag, deine Liebe für mich ist immer gleich groß geblieben. Selbst als ich dich leugnete, beleidigte oder mich gegen deinen Rat, gegen deine Hilfe verhalten habe, hast du mich weiter mit all deinem Sein geliebt. Ich liebe deine Liebe! Und ich liebe dich! Mein Herz strömt über von der Liebe, die ich für dich empfinde, mein Freund, mein Führer, mein Wundervoller, mein Ratgeber, mein mächtiger Gott, mein immerwährender Vater, mein Friedensfürst, mein wahres Christ-Selbst! Oh, ich liebe Dich, mit allem, was ich bin, aus tiefem Herzen, mit ganzer Seele, mit aller Kraft und Stärke. Ich habe Liebe empfangen und gebe Liebe weiter, und ich bin jetzt heil und vollkommen.«

17. Da die Gott-Gegenwart in deinem Innern dein hohes Selbst ist, und da sich dieses Selbst als dein Alles zum Ausdruck bringt, einschließlich deiner Seele und deines Körpers, gelingt es dir jetzt, dich selbst ganz und gar zu lieben? Es gibt doch den Teil nicht, wo Gott aufhört und du beginnst. Daher ist alles Gott und Alles bist du! ERKENNE DEIN SELBST! Sein SELBST zu erkennen heißt, sein Selbst zu lieben – ganz und gar. Und glaube nur nicht, du wärest es

nicht wert, denn dein Wert ist der Wert Gottes! LIEBE DEIN SELBST!

18. Denke gut von dir selbst:

»Ich bin das freudige Kind Gottes. Mein Geist ist Gott im Absoluten, der sich durch mich zum Ausdruck bringt. Meine Seele ist Gott, der sich durch mich zum Ausdruck bringt. Mein Körper ist der Körper Gottes in körperlicher Form. Ich bin Gott, der durch mich in Erscheinung tritt. Ich weiß, daß alles, was ich je gesagt, gedacht und gefühlt habe, lediglich aus meinem Bewußtsein entsprang. Ich verstehe, daß ich mich nicht anders verhalten konnte. Ich habe aus meinem Bewußtsein heraus gehandelt, daher entlasse ich alle Gedanken an richtig oder falsch ... denn damals wußte ich es nicht besser – doch jetzt weiß ich, daß ich eine sich entfaltende Seele bin, die heimkehrt in das Licht der Liebe. Daher höre ich auf, mich zu verurteilen ... Ich gebe alle Gefühle der Unversöhnlichkeit mir selbst gegenüber auf, ich erhebe mich über alle Gefühle von Schuld, deshalb bin ich frei, mich selbst zu lieben wie niemals zuvor. Ich liebe diese Person, die ich bin, mit meinem ganzen Gemüt. Ich liebe dieses individuelle Sein, das ich bin, aus ganzem Herzen. Meine Liebe zu MIR, meinem SELBST, dem ICH das ICH BIN, kennt keine Grenzen. ICH BIN LIEBE. ICH BIN LIEBE. ICH BIN LIEBE.«

19. Uns wird gesagt, unseren Nächsten zu lieben als unser Selbst. Mit unserem »Nächsten« ist jedes Wesen auf diesem Planeten gemeint und alles Leben überall. Wende dich deshalb dieser Welt zu und beginne damit, die durch Liebe aktivierten Strahlen der spirituellen Energie zu verströmen. Das ist dein Laser-Strahl, und wenn du diesen Strahl aus dem Liebes-Energie-Zentrum deines Herzens hervorstrahlen läßt, dann verwandelt er jede negative Situation, die dein Nächster erfahren mag, in eine großartige positive Situation. Dies ist die Kraft der Liebe, die alles bewirken kann, nicht eine schwärmerische, undefinierbare Liebe. Richtest du diesen Strahl auf einen Menschen oder eine Sache, dann wird buchstäblich das Energiefeld in und um diesen Menschen, diese Person oder Sache verwandelt. Dies ist Gott in Tätigkeit, der die Täuschung hinwegnimmt und die Wirklichkeit zum Vorschein kommen läßt.

20. Sage dir selbst:

»Ich will meine Nächsten ohne Ausnahme lieben. Während ich mein Bewußtsein überprüfe, fallen mir die Menschen der Vergangenheit und Gegenwart ein, die in mir ungute Gefühle hochkommen lassen. Ich verwandle jetzt diese negative Energie, indem ich allen vergebe und Worte bedingungsloser Liebe spreche. (Sprich den Namen laut aus) ... Ich liebe dich! Ich liebe dich bedingungslos! Ich liebe dich als das, wer und was du bist, ganz ohne Bedingung. Ich bin Liebe. Du bist Liebe. Wir sind eins in der Liebe, und die Liebe heilt uns. Ich bringe jetzt mein Heim und meine Familie, meinen Arbeitsplatz, meine Stadt, den Staat und mein Land sowie die ganze Welt in mein Bewußtsein – und ich sende geistige, von der Liebe aktivierte Energiestrahlen aus, um jeden negativen Zustand auf diesem Planeten zu heilen und zu harmonisieren. Ich fühle, wie der Liebesstrom aus meinem Herzzentrum fließt, und ich weiß, daß diese Liebeskraft das bewirkt, wozu sie ausgesandt wurde. ICH BIN LIEBE IN AKTION!«

Dein spirituelles Programm

Verweile täglich in den bejahenden Gebeten der Punkte 13. bis 20. – dann LEBE die Liebe in Aktion! Sei Gott, der durch dich wirkt! Laß dich nicht von der hypnotischen Wirkung der negativen Energie anziehen, die du von anderen hörst, bei ihnen beobachtest, wenn sie streiten, wüten und spucken. Laß Liebe aus deinem Herzchakra in diese Situationen strömen, strahle diese Liebe sehr intensiv aus und beobachte dann voller Freude, wie die einzelnen Menschen von den harmonisierenden Strahlen berührt werden. Kommt eine Ungerechtigkeit in dein Blickfeld, schicke die spirituelle Energie der Liebe aus und beobachte, wie Gerechtigkeit waltet. Setze die Kraft der Liebe ein in deinem Zuhause, deinem Büro, im Laden um die Ecke, dem Restaurant, im Krankenhaus, im Gerichtssaal, auf den Autobahnen – und betrachte, wie sich die Umgebung wandelt. Du brauchst kein Zuschauer zu bleiben! Nutze deine Laserstrahlen im Dienste aller Gotteskinder, um Ordnung, Harmonie und Frieden in dieser Welt hervorzubringen.

Übe dich täglich im Gebrauch der Liebes-Kraft und beweise dir selbst, daß du wahrlich einen göttlichen »Balsam« zur Verfügung hast. Wenn dich ein Insekt sticht, konzentriere die Liebesenergie auf diesen Punkt und fühle, wie die Schmerzen augenblicklich nachlassen. Begegnest du jemandem mit schlechter Laune, dann öffne dein Herz und laß bedingungslose Liebe ausströmen und beobachte, wie die Dunkelheit in Licht aufgelöst wird. Du kannst ein schlechtgehendes Geschäft zurück ins Leben LIEBEN. Du vermagst einen kranken Körper zurück in die Gesundheit zu LIEBEN. Und es kann dir gelingen, einen negativen Zustand so zu LIEBEN, das er sich in Nichts auflöst.

Begreife doch, daß das Schöpferische – die erschaffende Kraft des Universums, sich in deinem Energiefeld individualisiert und dann durch dein Herzchakra eine Möglichkeit findet auszuströmen, *wenn du einen Menschen, einen Ort, ein Ding oder eine Situation bedingungslos liebst.* Der Vorgang (das Gefühl) bedingungsloser Liebe öffnet das Chakra und lenkt die harmonisierende Energie direkt in das niedriger schwingende Kraftfeld und beginnt die Schwingung anzuheben – du erhebst sie buchstäblich zum göttlichen Standard. Tatsächlich »schießt« du auf diese Weise mit Liebesstrahlen, und wenn du diesen Vorgang richtig *übst*, werden dich die Ergebnisse wirklich überraschen. Und höre auf, nur darüber nachzudenken. Tue es!

Auch wenn du deine Liebes-Kraft nicht zu einem bestimmten Zweck einsetzt, solltest du jedoch weiter die Gegenwart der Liebe *sein*. Kann zum Beispiel die Gegenwart der Liebe verletzte Gefühle empfinden? Kann sich individualisierte Liebe abgelehnt, ausgeschlossen fühlen? Wird ein Meister der Liebe aus Wut jemanden angreifen? Würde ein Wesen der Liebe Bitterkeit und Abneigung empfinden? Würde Gottes vollkommener Ausdruck der Liebe jemanden verurteilen oder kritisieren? Und könnte die Energie der Liebe je stagnieren oder unbeweglich sein? Du kennst die Antworten. Beginne jetzt damit, die Liebe zu leben, die du in Wahrheit bist!

Vielleicht verweilst du eine Zeitlang in der Kontemplation und denkst darüber nach, was Paulus in seinem Brief an die Korinther über die Liebe sagte:

»Wenn ich mit Menschen- und mit Engelszungen redete und hätte der Liebe nicht, so wäre ich ein tönend Erz oder eine klingende Schelle. Und wenn ich weissagen könnte und wüßte alle Geheimnisse und alle Erkenntnis und hätte allen Glauben, so daß ich Berge versetzte, und hätte der Liebe nicht, so wäre ich nichts. Und wenn ich alle meine Habe den Armen gäbe und ließe meinen Leib brennen und hätte der Liebe nicht, so wäre mir's nichts nütze. Die Liebe ist langmütig und freundlich, die Liebe eifert nicht, die Liebe treibt nicht Mutwillen, sie blähet sich nicht, sie stellet sich nicht ungebärdig, sie suchet nicht das ihre, sie läßt sich nicht erbittern, sie rechnet das Böse nicht zu, sie freuet sich nicht der Ungerechtigkeit, sie freuet sich aber der Wahrheit, sie verträgt alles, sie glaubet alles, sie hoffet alles, sie duldet alles.

Die Liebe höret nimmer auf. Sie besteht noch, wenn alles andere vergangen ist.«

17. KAPITEL

Deine Aufgabe als der Christus

1. Durch den Erwachungsprozeß müssen wir uns daran erinnern, wie wir die Meister sein können, als die wir erschaffen wurden. Wir müssen das Gesetz der Versorgung verstehen, damit wir durch nichts, das dem wirtschaftlichen System geschieht, berührt werden. Wir müssen strahlende Gesundheit verkörpern, damit wir über die Energie und Vitalität verfügen, unsere Aufgabe hier zu lösen. Wir müssen uns unter göttlichen Schutz stellen, damit wir zu jeder Zeit in einem sicheren Umfeld leben und den Weg zu unserer Weisheit freilegen, so daß wir zur rechten Zeit in der rechten Weise zum richtigen Handeln geführt werden. Und wir müssen ein Leuchtfeuer, ein Leitstern der Erleuchtung für andere Sucher auf dem spirituellen Pfad sein.

2. Du meinst, für DICH sei das aber wirklich zu schwierig? Nein, ganz sicher nicht. Du kannst wahrlich schon heute den Weg zur Meisterschaft antreten, wenn du *die Entscheidung dazu triffst.* Ich rede nicht davon, daß du wie ein Pfau herumstolzieren und dich selbst einen Herrn nennen sollst. Ich meine damit, daß du dein wahres Wesen ab heute annehmen und dann dieses »Wesen« einen jeden Augenblick deines ewigen Lebens durch dich leben lassen sollst.

3. Weißt du, das Christusbewußtsein ist nicht irgend etwas, das dir irgendwann in der Zukunft zugesprochen wird, wenn du dich weiterentwickelt hast. Das Christusbewußtsein IST – hier und jetzt! Ich bin der Christus Gottes. Du bist der Christus Gottes. Wir wurden nach dem Bilde Gottes geschaffen, und niemand kann daran etwas ändern. Und wenn es auch stimmt, daß ein Teil von uns schläft und dem

Zauber der Täuschung verfallen ist, so gibt es doch so vieles an uns, das hellwach ist, voll erleuchtet und in der Wirklichkeit der Wahrheit lebt – hier und jetzt!

4. Du hast keine Probleme und stehst vor keinen Herausforderungen. Das war niemals so und wird niemals so sein. Dein ist die Fülle, dein ist Gesundheit, dein sind liebevolle und harmonische Beziehungen und totale Erfüllung, und du erfreust dich der exquisiten Vollkommenheit des Universums Gottes in diesem Augenblick. In Wahrheit hast du niemals das Haus des Vaters verlassen, du bist niemals aus der Gnade gefallen und du wurdest ganz sicherlich auch nicht aus irgendeinem Garten hinausgeworfen mit der Aufgabe, den Boden zu bearbeiten, bis du tot umfällst.

5. Bevor du mir vorwirfst, dich mit jemand anderem zu verwechseln, darf ich dich vielleicht daran erinnern, daß du ein Abkomme des unendlichen Geistes und der Kraft des Universums bist, und daß alles, was dieser unendliche Geist und diese unendliche Kraft sind, du bist. Um Gottes willen, *begreife es* doch! Du hast es endlich geschafft, dich von der Vorstellung freizumachen, du wärest ein Wurm im Staub, und doch hängst du jetzt noch fest an der verrückten Idee, eine Schachfigur des Schicksals zu sein, die in einer feindlichen Welt für ihr Gutes kämpfen muß.

6. Der Grund, warum du noch dieses Spiel der Sinne spielst, liegt darin, daß du aus dem Bewußtsein deines unteren Selbst (Ego) lebst. Aber das braucht nicht so zu sein. Zu jedem Zeitpunkt während der letzten zweitausend Jahre hättest du dich auf die Schwingung deines hohen Selbst erheben und die Erkenntnis deiner Einheit mit dem Geist wiedergewinnen können. In Wirklichkeit hast du diese Christus-Schwingung in Augenblicken der tiefen Meditation empfunden, doch du hast es versäumt, dich an diese Schwingung anzuhängen. Zwar hast du den Aufzug bestiegen, aber statt dann in Meisterschaft hervorzutreten, hast du den Knopf nach »unten« gedrückt.

7. Die Wiedergewinnung spirituellen Bewußtseins bedeutet nicht, das eine Haus abzureißen und dafür ein anderes aufzubauen. Es ist mehr so, als würden wir aus dem Keller in das Hauptgeschoß umziehen. Denke daran: Du bist ein individualisiertes Energiefeld. In

diesem Energiefeld befinden sich tiefere und höhere Schwingungen. Dein wahres »ICH« verhält sich wie das Quecksilber in einem Thermometer, das ähnlich wie das Wetter mit deinen Gedanken und Gefühlen steigt und fällt. Für die meisten Menschen bleibt das »Ich« in der kalten, dunklen Atmosphäre des unteren Selbst, obwohl während dieser ganzen Zeit im oberen Bereich des Energiefeldes die Sonne scheint und die Wärme des Lichtes, der Liebe und der Freude spürbar ist. Hier ist die Energie rein, die Schwingungen sind hoch, und das Bewußtsein ist erleuchtet.

8. Du solltest jedoch verstehen, daß dieses erleuchtete Bewußtsein, das lebt und gleichzeitig als dein sterbliches Gemüt existiert, DEIN Bewußtsein ist. Man kann einen Leuchtstrahl nicht in Stücke teilen. Alles ist ein Leuchtstrahl. Wenn du das »ICH« auf die spirituelle Ebene deines eigenen Energiefeldes erhebst, dann verlierst du keinesfalls deine Identität oder dein Selbst-Gewahrsein. Du verlierst auch nicht das Bewußtsein und wachst als Fremder in einem fremden Land wieder auf. Man tauscht nicht ein Bewußtsein gegen ein anderes aus. Nein, du nimmst dein Bewußtsein mit und erhebst dich auf eine neue Ebene des Gewahrseins, des Verständnisses und des Wissens.

9. Wenn dein denkendes und fühlendes Gemüt sich zu einem anderen Koordinaten deines Energiefeldes erhebt, dann nimmst du das Bewußtsein des hohen Selbst an und die dunklen Energien des unteren Selbst werden umgewandelt. Und wenngleich es früher zwei Bewußtseinszustände (Dualität) gab, so gibt es jetzt doch nur noch den einen. Es ist die Energie des hohen Selbst, die sagt: »Niemand kommt zum Vater denn durch mich.« Wenn du dich in dieser spirituellen Schwingung befindest, dann bist du buchstäblich »im Einklang mit dem Unendlichen«, denn der unendliche Geist Gottes wohnt in dieser Schwingung! In diesem hohen Bewußtsein bist du dir des lebendigen Christus, den du erkennst und verstehst, in deinem Sein ganz und gar bewußt.

10. So wie du zu dieser feineren Schwingung aufsteigst, wirst du dir deines Gott-Selbstes bewußt wie niemals zuvor. Du empfindest dieses intensive Wissen. Du siehst die Leuchtkraft des innewohnenden Lichtes. Du spürst das Feuer der grenzenlosen Liebe in deinem Innern.

Und da sich dein sterbliches Denken in dieser Dimension der reinen spirituellen Energie verzehrt, wird dir die Fülle des Christus-Bewußtseins zuteil, das sagt: »Ich bin das Licht der Welt. Ich bin die Auferstehung und das Leben.« Jetzt *kennst* du die Wirklichkeit deines Selbst. Jetzt weißt du, daß du dieses allmächtige Christus-Bewußtsein bist.

11. Willst du heute mit deinem Aufstieg beginnen? Willst du die Wahrheit deines göttlichen Wesens erkennen und damit anfangen, deine Aufgabe als der Christus zu übernehmen? Bist du bereit, diese Rolle zu spielen? Wenn du zustimmst, obwohl du vielleicht in diesem Augenblick noch in deinem Leid wühlst, so versichere ich dir, daß du diesen Zustand schneller überwinden kannst, als du überhaupt für möglich hältst. Und wie sollst du diese Rolle spielen? Mit allem, was dir zur Verfügung steht – mit allem, was du hast!

12. Mache dich mit dem Gedanken vertraut, daß du der Christus Gottes bist, und dann lebe den ganzen Tag in dieser Vorstellung. Aus diesem Vatergedanken erwachsen mentale Kinder der großen Liebe, Freude, des Glaubens, des Verstehens, der Kraft und Stärke, der Weisheit und Vergebung, der Vorstellungskraft, des Willen und Lebens und der Begeisterung. Und wenn du zeitweise deinen »Text vergessen« hast, dann frage dich selbst, wie denkt der Christus? Dann lasse diesen Gedanken fließen.

13. Wie fühlt der Christus? Mit völliger, vollkommener, bedingungsloser Liebe... beginne daher heute damit, jeden und alles zu lieben wie niemals zuvor. *Spüre, empfinde* diese Liebesschwingung. Laß sie von dir ausgehen, ausströmen, ausstrahlen. SEI die Liebe Gottes in Tätigkeit! Und wenn für einen Augenblick ängstliche und sorgenvolle Gedanken in dir auftauchen, dann erinnere dich selbst daran, daß dies keine Christus-ähnlichen Gefühle sind, denn als der Christus Gottes empfindest du nur frohe, friedvolle, liebevolle und glückliche Gefühle.

14. Und wie spricht der Christus? Mit den Worten, die die Eigenschaften Gottes zum Ausdruck bringen. Daher werden deine Worte freundlich, liebevoll, teilnahmsvoll, furchtlos, weise und froh sein. Du wirst alle Worte unterlassen, die die Göttlichkeit deines Selbst

oder das deiner Nächsten in irgendeiner Weise leugnen. Kritik ist kein Teil deines Wesens, also wirst du auch niemanden mit Worten angreifen. Du denkst in der rechten Weise nach, bevor du sprichst, und so sind Unterhaltungen mit dir stets erhebend und ermutigend. Deine Stimme ist wie Musik für die Ohren, die der Botschaft der Wahrheit begierig lauschen.

15. Und wie handelt der Christus? Seine Handlungen spiegeln die Erleuchtung, Liebe, Kraft und den vollkommenen Glauben wider. Wann immer der Anschein von Mangel oder Begrenzung auftaucht, wirst du danken für die unendlichen Gaben des Geistes, und du wirst der Wahrheit zum Durchbruch verhelfen, weil du die Realität hinter der Täuschung erkennst. Du wirst der wahren Energie deines Seins, der Substanz deines Selbst, befehlen, als die notwendige Form oder Erfahrung zu erscheinen. Wann immer du Konflikte und Feindlichkeit siehst, wirst du das Licht deiner Liebe als einen Laserstrahl in diese Situation hineinstrahlen, um sie zu harmoniseren. Wann immer du den Anschein von Krankheit entdeckst, läßt du das Licht der Wahrheit intensiv ausstrahlen, um die fehlerhaften Muster auszulöschen und die Heilkräfte, die in diesem Menschen wohnen, freizusetzen.

16. Denke stets daran, du bist der Christus Gottes. Daher wirst du als der Christus gehen, sitzen, stehen. Deine Körpersprache wird den Christus zum Ausdruck bringen. Dein Minenspiel wird den Christus widerspiegeln. Und du wirst jeden anderen Menschen sehen wie du dich selbst siehst – nämlich als den Christus Gottes – als Gott, der sich in jedem Individuum zum Ausdruck bringt. Kannst du diese Rolle spielen? Wenn es dir gelingt, dann wird etwas sehr Mystisches und Wunderbares geschehen. Dein wahres »ICH« wird sich aus der dunklen, kalten Atmosphäre des sterblichen Bewußtseins direkt in das Königreich der vierten Dimension erheben. Schon jetzt hörst du den Ruf: »Ich bin das Brot des Lebens. Wer zu mir kommt, wird niemals hungern, und wer an mich glaubt, wird niemals dürsten. Ihr kommt von unten; ich aber komme von oben. Kommt daher zu mir.«

17. »Ich kehre jetzt zurück in die Herrlichkeit, die mein ist seit Ewigkeit. Es ist getan!«

Anhang

- Deine Teilnahme an der planetarischen Kommission
- Örtliche Zeitangabe für 12.oo h Greenwich-Zeit
- Die Internationale Heilungsmeditation
- Fragen und Antworten

PLANETARISCHE KOMMISSION
ZUR HEILUNG DER WELT

Trenne diese Seite bitte aus dem Buch heraus, trage das Datum und dein Land ein, unterschreibe und sende sie an:

The Quartus Foundation,
P. O. Box 26683, Austin, Texas, 78755, USA

Ich akzeptiere meine Teilnahme an der »Planetarischen Kommission«

Hiermit erkläre ich mich bereit, an der »Planetarischen Kommission« teilzunehmen, um die Heilung und Harmonisierung dieses Planeten und aller darauf befindlichen Lebensformen zu unterstützen. Heute beginne ich damit, den unendlichen Geist, der ICH in Wahrheit BIN, in diese Welt hineinzustrahlen. Ich öffne mein Herz und lasse göttliche Liebe hervorströmen, die alles und jedes umfaßt. Ich verwandle jede negative Situation und Erfahrung, die in meinen Bewußtseinsbereich kommt.
Ich vergebe jedem, auch mir selbst. Ich vergebe der Vergangenheit und schließe hinter ihr die Tür. Von diesem Augenblick an weihe ich mein Leben der inneren Einkehr und strebe danach, die eine Gegenwart, die eine Macht, die eine Ursache und die eine Aktivität meines ewigen Lebens zu finden und zu erkennen. Ich setze mein Vertrauen in die Gegenwart Gottes in meinem Innern als meinen Geist, meine Substanz, meine Versorgung und meine Hilfe.
Ich weiß, daß ich dazu beitrage, die Fehler im kollektiven Bewußtsein auszulöschen, das Gefühl der Trennung zu heilen und die Welt zurückzuführen zur geistigen Gesundheit, wenn ich mein Bewußtsein erhebe.
Mit einem Herzen voller Liebe und der frohen Erwartung des Sieges in meinem Gemüt und freudigen Worten auf meinen Lippen erkläre ich meine Bereitschaft, Teil der weltweiten Gruppe zu sein, die sich am 31. Dezember eines jeden Jahres, erstmals am 31. 12. 1986 um 13.00 h (12.00 h Greenwich-Zeit), geistig zusammenfindet, um in der Heilungsmeditation Licht, Liebe und spirituelle Energie für den Planeten Erde freizusetzen.
Ich nehme jetzt meine Aufforderung zur Teilnahme an der Planetarischen Kommission an:

Datum ______ Unterschrift ____________________ Land __________

Dies ist deine Ausfertigung der Teilnahmeerklärung an der »Planetarischen Kommission«. Sie sollte im Buch bleiben, damit du dir deine Verpflichtung wieder ins Bewußtsein rufen und erneuern kannst.

The Quartus Foundation,
P. O. Box 26683, Austin, Texas, 78755, USA

Ich akzeptiere meine Teilnahme an der »Planetarischen Kommission«

Hiermit erkläre ich mich bereit, an der »Planetarischen Kommission« teilzunehmen, um die Heilung und Harmonisierung dieses Planeten und aller darauf befindlichen Lebensformen zu unterstützen. Heute beginne ich damit, den unendlichen Geist, der ICH in Wahrheit BIN, in diese Welt hineinzustrahlen. Ich öffne mein Herz und lasse göttliche Liebe hervorströmen, die alles und jedes umfaßt. Ich verwandle jede negative Situation und Erfahrung, die in meinen Bewußtseinsbereich kommt.
Ich vergebe jedem, auch mir selbst. Ich vergebe der Vergangenheit und schließe hinter ihr die Tür. Von diesem Augenblick an weihe ich mein Leben der inneren Einkehr und strebe danach, die eine Gegenwart, die eine Macht, die eine Ursache und die eine Aktivität meines ewigen Lebens zu finden und zu erkennen. Ich setze mein Vertrauen in die Gegenwart Gottes in meinem Innern als meinen Geist, meine Substanz, meine Versorgung und meine Hilfe.
Ich weiß, daß ich dazu beitrage, die Fehler im kollektiven Bewußtsein auszulöschen, das Gefühl der Trennung zu heilen und die Welt zurückzuführen zur geistigen Gesundheit, wenn ich mein Bewußtsein erhebe.
Mit einem Herzen voller Liebe und der frohen Erwartung des Sieges in meinem Gemüt und freudigen Worten auf meinen Lippen erkläre ich meine Bereitschaft, Teil der weltweiten Gruppe zu sein, die sich am 31. Dezember eines jeden Jahres, erstmals am 31. 12. 1986 um 13.00 h (12.00 h Greenwich-Zeit), geistig zusammenfindet, um in der Heilungsmeditation Licht, Liebe und spirituelle Energie für den Planeten Erde freizusetzen.
Ich nehme jetzt meine Aufforderung zur Teilnahme an der Planetarischen Kommission an:

Datum _____ Unterschrift ____________________ Land __________

Zeitzonen-Tabelle

Um 12 Uhr mittags Greenwich-Zeit ist es an deinem Wohnort:

Zeitzonen in den Vereinigten Staaten	12.00 Greenwich
Pazifik-Standardzeit	4.00 h
Gebirgs-Standardzeit	5.00 h
Zentrale Standardzeit	6.00 h
Östliche Standardzeit	7.00 h

12 Uhr Greenwich-Zeit – andere Weltstädte

Berlin	13.00 h	Montreal	7.00 h
Buenos Aires	9.00 h	Moskau	15.00 h
Kairo	14.00 h	Neapel	13.00 h
Kopenhagen	13.00 h	Nome	1.00 h
Edmonton	5.00 h	Ottawa	7.00 h
Fairbanks	2.00 h	Paris	13.00 h
Glasgow	12.00 h	Rom	13.00 h
Honolulu	2.00 h	Sydney	22.00 h
London	12.00 h	Tokio	21.00 h
Madrid	13.00 h	Vancouver	4.00 h
Mexico City	6.00 h	Wien	13.00 h

Heilungsmeditation für die Welt

Im Anfang
Im Anfang *Gott*
Im Anfang erschuf Gott Himmel und Erde.
Und Gott sprach, es werde Licht: Und es ward Licht.

Jetzt ist die Zeit eines *neuen* Anfangs.
Ich bin ein Mit-Schöpfer Gottes,
und es wird ein neuer Himmel sein,
wenn der gute Wille Gottes
durch mich auf Erden zum Ausdruck gebracht wird.
Die Erde ist das Königreich des Lichtes, der Liebe,
des Friedens und des Verstehens.
Und ich trage meinen Teil dazu bei,
die Wirklichkeit dieses Königreiches
zum Vorschein zu bringen.

Ich fange mit mir an.
Ich bin eine lebendige Seele,
und der Geist Gottes wohnt in mir, als ich.
Ich und der Vater sind eins, und alles,
was der Vater hat, ist mein.
Wahrlich, ich bin der Christus Gottes.

Was von mir wahr ist,
ist auch wahr von jedem anderen,
denn Gott ist alles und alles ist Gott.

In jeder Seele erkenne ich nur den Geist Gottes.
Und jedem Mann, jeder Frau,
jedem Kind auf dieser Erde rufe ich zu:
Ich liebe dich, denn du bist ich.
Du bist mein heiliges Selbst.

Ich öffne jetzt mein Herz,
und ich lasse die reine Essenz
bedingungsloser Liebe ausströmen.
Ich sehe, wie diese Liebe als goldenes Licht
aus dem Zentrum meines Seins hervorstrahlt,
und ich fühle ihre göttliche Schwingung in mir,
durch mich, über mir und unter mir.

Ich bin eins mit dem Licht.
Ich bin erfüllt von dem Licht.
Ich bin erleuchtet durch das Licht.
Ich bin das Licht der Welt.

Fest entschlossen sende ich dieses Licht aus
und lasse die Strahlen von mir ausgehen,
damit sie sich mit den anderen Lichtern verbinden.
Ich weiß, dies geschieht in diesem Augenblick
überall auf der Welt.
Ich sehe, wie alle Lichter sich vereinen.
Jetzt ist es ein Licht.
Wir sind das Licht der Welt.

Das eine Licht der Liebe, des Friedens
und des Verstehens strömt aus.
Es fließt über den gesamten Erdball
und berührt und erleuchtet jede Seele,
die im Schatten der Täuschung lebt.
Und wo Dunkelheit herrschte,
wohnt jetzt das Licht der Wahrheit.

Und das Leuchten wächst, es durchdringt,
es durchstrahlt jede Form des Lebens.
Jetzt gibt es nur noch die Schwingung
des einen vollkommenen Lebens.
Alle Reiche dieser Welt antworten,
und der Planet erwacht zum Leben
im Licht und in der Liebe.

Es herrscht vollkommene Einheit,
und in dieser Einheit sprechen wir das Wort:
Das Gefühl des Getrenntseins sei aufgelöst.
Die Menschheit kehre zurück zur Gottheit.

Friede wohne in jedem Herzen.
Liebe fließe aus jeder Seele.
Vergebung regiere jedes Gemüt.
Verständnis sei das verbindende Band.

Und jetzt antwortet aus diesem Licht der Welt,
das wir sind,
die Eine Gegenwart und Macht des Universums.
Die Tätigkeit Gottes heilt
und harmonisiert den Planeten Erde.
Die Allmacht manifestiert sich.

Ich sehe jetzt die Rettung des Planeten
direkt vor meinen Augen,
alle falschen Überzeugungen
und fehlerhaften Muster haben sich aufgelöst.
Das Gefühl des Getrenntseins ist vorüber,
die Heilung hat stattgefunden,
und die Welt ist zurückgekehrt zu geistiger Gesundheit.

Dies ist der Beginn des Friedens auf der Welt
und des guten Willens für alle Menschen,

da die Liebe aus jedem Herzen strömt,
Vergebung in jeder Seele regiert,
und jedes Herz und jedes Gemüt eins ist
in vollkommenem Verständnis.

Es ist getan. Und so ist es.

Fragen und Antworten

1. Frage: Warum sollen wir bis Ende 1986 warten, um die Welt zu heilen? Wer weiß denn, was jetzt und hier geschehen kann!

Antwort: Du brauchst nicht zu warten. Denke stets daran, daß du der Welt hilfst, wenn du dein Bewußtsein erhebst und eins wirst mit der Christus-Schwingung in deinem Innern. Beginne also heute damit, dein Bewußtsein in dem Wissen zu klären, aufzuräumen und zu erweitern, daß DU schon jetzt dazu beitragen kannst, die Welt zu verändern! Die über die ganze Welt verteilten Mitglieder von Quartus vereinigen sich täglich zwischen 9.00 h und 10.00 h Zentrale Standard-Zeit (in Deutschland zwischen 16.00–17.00 h) zur Heilungsmeditation. Wenn du dich hierzu einschaltest, dann wird natürlich noch mehr Licht zur Harmonisierung des Planeten freigesetzt.

Wir meinen, daß die zusätzliche Zeit von zwei Jahren, die zwischen dem ersten Erscheinen dieses Buches und dem 31. Dezember 1986 liegen, notwendig ist, um das richtige Verständnis für den Tag der weltweiten Heilung zu vermitteln. Es ist wirklich eine äußerst anstrengende Angelegenheit, die Millionen von Menschen zu erreichen, die sich zur Teilnahme an dieser »Planetarischen Kommission« bereit erklären sollten. Vielleicht kannst du dadurch helfen, daß du die Unterschriften von Freunden und Verwandten sammelst und dann diese bittest, ebenfalls mitzuhelfen. Seit Anfang 1984 wird in den USA, Kanada, England und Europa so vorgegangen, und ich bin sicher, daß man sich in anderen Ländern ähnlich verhält. Denke daran: Wir brauchen keine Adressen, sondern nur die Namen und die Länder der

Teilnehmer. Die Unterschriften schicke dann bitte an uns, P.O. Box 26683, Austin, Texas 78755, USA.

2. Frage: Trägt die Bezeichnung von »Gottmensch« oder »Meister« nicht zum geistigen Hochmut der Neugeist-Menschen bei?

Antwort: Sollte dies zutreffen, dann hat sich das Ego wieder in den Vordergrund gedrängt. Bitte verstehe das richtig: Jede Seele auf diesem Planeten, ob ein Neugeistler, Fundamentalist, Katholik, Jude, Buddhist, Hindu oder was sonst, ist ein Meister. Niemand ist geistig fortgeschrittener als sein Nächster. Der einzige Unterschied besteht darin, daß einige mehr zu ihrem wahren Wesen erwacht sind. Die zwölf Bewußtseinsphasen, über die ich in »The Superbeings« geschrieben habe, sind genau das – nämlich Phasen im Erwachungsprozeß. Einige unserer Brüder und Schwestern schlafen noch; sie sind also schlafende Meister. Einige sind aufgewacht; sie sind demnach erwachte Meister. Und viele Millionen erwachen gerade jetzt aus tiefem Schlaf. Wir könnten sie also als noch »benommene« Meister bezeichnen. Wenn du mit diesem Buch arbeitest, um falsche Überzeugungen, fehlerhaftes Denken und negative Erscheinungsformen loszulassen, dann erfährst du eine Bewußtseinserhebung. Und je mehr du dein Gewahrsein, dein Verständnis und dein Wissen um den Christus in deinem Innern entwickelst, um so mehr zeigt sich in deiner äußeren Welt, welche Änderung in deinem Denken stattgefunden hat. Doch selbst wenn du vollkommene Meisterschaft erreichst, bist du nicht entwickelter als dein Nächster. Es ist vielmehr so, daß dein Wunsch, den Nächsten zu *dienen*, alles und jeden immer bedingungsloser zu lieben, immer stärker wird, je höher sich dein Bewußtsein entfaltet. Ein Erwachter besitzt weder falschen Stolz noch geistige Überheblichkeit!

3. Frage: Ich habe gehört, daß es Gegner der Neugeist-Bewegung gibt, weil sie an die Göttlichkeit des Menschen glaubt. Stimmt das?

Es gibt einige Gruppen, die weiterhin die absurde Idee vertreten, der Mensch sei ein armseliger Sünder und ein Wurm im Staub. Und doch geben die meisten dieser Menschen vor, an Jesus Christus zu glauben. Wenn wir jedoch die Worte und Lehren Jesus im Neuen Testament betrachten, dann erkennen wir, daß der Hauptgrund für Sein Kommen in diese Welt darin besteht, uns den Gedanken der inneren Vollkommenheit des Menschen wieder nahezubringen. Jesus hätte sicherlich niemals etwas gesagt, was als unmöglich anzusehen wäre. Wenn er also sprach: »Darum sollt ihr vollkommen sein, gleichwie euer Vater im Himmel vollkommen ist« (Matth. 5:48) – dann forderte er uns damit auf, zu unserem wahren Wesen zu erwachen. Jesus sagt auch, »das Reich Gottes ist mitten in euch« (Lukas 17:21) – nicht jenseits einer fernen Wolke. Und Er lehrte die Einheit von Gott und Mensch, als Er betete: »Auf daß sie alle eins seien, gleichwie du, Vater, in mir und ich in dir, daß auch sie in uns seien, damit die Welt glaube, du habest mich gesandt« (Joh. 17:21). Er stellte auch die feste Vater-Sohn-Beziehung Gottes und des Menschen her, als Er sagte: »Und ihr sollt niemand euren Vater heißen auf Erden; denn einer ist euer Vater, der im Himmel ist« (Matth. 23:9). Er bezeichnete sich selbst als das Licht der Welt und sagte: »Ihr seid das Licht der Welt« (Matth. 5:14). In anderen Worten, unser wahres Wesen ist identisch mit dem von Jesus. Und durch den innewohnenden Christus... »wird euch nichts unmöglich sein«. Könnte einem Wurm im Staub die Herrschaft dieser Welt zuteil werden? Nein! Doch einem Sohn Gottes wäre dies möglich – und genau der und das bist du! Jesus hat das in Joh. 10:34 bestätigt mit den Worten: »Steht nicht geschrieben in eurem Gesetz: ›Ich habe gesagt: Ihr seid Götter!‹« Wenn du die Bibel weiter durchliest, dann erkennst du, daß die wichtigste Lehre Jesu war, die Einheit von Gott und Mensch zu verkünden. »Oder wisset ihr nicht, daß euer Leib ein Tempel des Heiligen Geistes ist, der *in* euch ist...« (1. Kor. 6:19). ».... aber es ist ein Gott, der da wirket alles *in* allen« (1. Kor. 12:6). »... daß du erweckest die Gabe Gottes, die *in* dir ist...« (2. Tim. 1:6).

4. Frage: Wie erklärst du den Antichrist?

Antwort: Als jeden Menschen oder jede Gruppe, die die Göttlichkeit des Menschen leugnet, wie sie von Jesus Christus dargelegt wurde, d. h.

den »Christus in dir« – den innewohnenden Christus oder das hohe Selbst eines jeden Menschen. Das Ego des sterblichen Gemütes mag dich verwirren, es wird häufig als die Stimme des Antichristen bezeichnet. Die Erleuchteten haben jedoch diesen inneren Widersacher als Satan oder Luzifer identifiziert – gemeint ist die »Persönlichkeit«, die den Menschen dazu verführt, sich getrennt und fern von Gott zu glauben.

5. Frage: Stimmen die Neugeist-Lehren und die Weisheiten vergangener Zeitalter überein?

Antwort: Der gemeinsame Nenner der Metaphysik ist zwar vorhanden, doch würde ich Neugeist als spirituelle Psychologie und die Weisheiten vergangener Zeitalter als esoterische Philosophie bezeichnen. Man könnte es auch so ausdrücken: Neugeist ist das Wissen vergangener Zeitalter für den Westen aufbereitet, christianisiert und pragmatisiert. In den kommenden Jahren werden die Neugeist-Lehren noch größere Betonung auf Energie, Schwingungen, Kraftzentren, Strahlen usw. legen, während sich die Esoteriker noch mehr auf den *einen* Meister im Innern einer jeden Seele konzentrieren.

6. Frage: Kann ich meinen Mann überzeugen, daß es die Reinkarnation wirklich gibt?

Antwort: Nein. Wenn er bereit ist, seine Ansichten zu überprüfen und neue Ideen anzunehmen, dann wird das möglich sein. Aber wenn du ihm deine Überzeugungen aufzwingen willst, dann gefährdest du nur eure Beziehung. Nach der Geschichte mit den hundert Affen (wenn nur genügend Leute glauben, daß etwas wahr ist, dann erreicht die Idee die kritische Masse, und sie wird für alle Leute wahr), so wird man eines Tages auch die Reinkarnation weltweit akzeptieren. Es ist interessant, daß man an Reinkarnation glaubte, soweit unsere Geschichtsschreibung zurückgeht. Tatsächlich war auch zu Beginn des Christentums die Reinkarnation Bestandteil der christlichen Lehren. Im Jahr 553 n. Chr. wurde sie jedoch beim zweiten vatikanischen Konzil zu Konstantinopel

»offiziell« aus den Schriften des Christentums verbannt. Hier war also eine Lehre – von Buddha vermittelt und von Jesus akzeptiert ... von den Hindus, den Ägyptern, den Griechen und den Juden geteilt – die dann durch den Strich einer Feder, durch einen Rat von Männern einfach ausgelöscht wurde. Glücklicherweise glauben jedoch die meisten Menschen auf diesem Planeten trotzdem, daß »Reinkarnation eine Tatsache ist«.

7. Frage: Sollen die Neugeist-Kinder »anders« oder spirituell weiter entwickelt sein?

Antwort: Uns ist gesagt worden, daß seit 1976 die Mehrzahl der Kinder, die auf diesem Planeten geboren wurden, erleuchtet ist. Auf unseren Reisen durch das Land haben wir die Beweise hierfür gesehen und gehört. Ein Beispiel dafür ist auch ein dreijähriger Junge in Oklahoma, der seine Mutter nach einem Schlaganfall heilte ... ein vierjähriges Mädchen in New York, das seine Eltern metaphysische Wahrheiten lehrte, als die Familie besondere Probleme hatte ... eine große Zahl von Jungen und Mädchen, die im Alter von zwei Jahren sowohl lesen als auch das Gelesene verstehen kann ... Kinder, die Aura sehen, die schon vorher wissen, was man sagen will, die Licht und große geistige Energie ausstrahlen und die die Bedeutung der Liebe besser als jeder Erwachsene verstehen.

Marcus Bach hat geschrieben, daß »es eine einzigartige Rasse moderner Kinder gibt, die mit der natürlichen Neigung zur Liebe beschenkt wurde, die über übernatürliche Intuition verfügt und mit der Vision höherer spiritueller Werte und einer friedvolleren Welt ausgestattet ist«. Als Eltern habt ihr die verantwortungsvolle Aufgabe, eure Kinder darin zu unterstützen, zur Mission und Aufgabe ihres Daseins voll zu erwachen und sie zu begreifen. Dies ist sicherlich am besten in einem Heim voller Frieden und Liebe zu erreichen, in dem ihr lebt, was ihr lehrt. Diese Kinder verfügen über tiefe geistige Einsicht, reifen sehr viel schneller als »normale« Kinder und können dich lesen wie ein Buch. Hier folgen einige Vorschläge:

- Schaffe eine Atmosphäre von Vertrauen, Liebe und Humor. Wie

Marilyn Ferguson in »Die heimliche Verschwörung« schreibt, liegt »der Schlüssel dazu in der Authentizität... Eltern, die wie Menschen handeln, anstatt eine Rolle zu spielen«.

• Bevor die Kinder in den Kindergarten oder die Schule kommen, solltest du bei Sokrates nachlesen. Er beschrieb Erziehung als das »Hervorbringen der Weisheit aus dem Unterbewußtsein des Kindes, so daß man untersuchen und verwenden könne, was schon immer an Wissen vorhanden war«. Er trat den Beweis an, indem er mit einem Sklavenjungen in Meno arbeitete, bei dem er durch geschicktes Befragen bewies, daß der Junge Geometrie bereits kannte. Er half dem Jungen lediglich, sich an etwas zu *erinnern*, das nicht Teil seines objektiven Bewußtseins war.

• Betrachte deine Kinder als Individuen – und behandle sie so, wie du behandelt werden möchtest.

• Entferne Ausdrücke wie »schlecht« oder »ängstlich« aus deinem Wortschatz.

• Verfüge nicht über die gesamte Zeit deines Kindes. Gib ihm oder ihr Zeit, einfach zu »sein«.

• Nimm dir Zeit, mit deinem Kind »stille zu sein«.

• Fördere die Imagination und den Selbstausdruck.

• Entwickle das Verständnis zu allen Dingen und allem Leben – der Natur, den Mineralien, Pflanzen und Tieren.

• Betrachte deine Kinder nicht als dein Eigentum. Sie gehören dir nicht. Du bist lediglich ihr Hüter. Und forme sie nicht nach deinen eigenen Vorstellungen, denn sie sind bereits nach dem Bilde und Wesen Gottes geschaffen!

• Anerkenne täglich den Christus in deinem Kind. Sieh es gesund, stark, siegreich, intelligent, freudig, rein, mutig und frei – eine Individualisierung Gottes auf Erden.

• Höre häufiger zu – rede selbst weniger.

• Sei fair.

• Sei ehrlich.

• Liebe jedes Kind vorbehaltlos, stelle absolut keine Bedingungen.

8. Frage: Ich weiß nicht, ob ich alles glauben soll, was in den Neugeist-Büchern steht. Tust du das?

Antwort: Ich bemühe mich sowohl um Offenheit bei allem, was ich lese oder höre, als auch darum, mein geistiges Urteilsvermögen einzusetzen. Die bei Quartus durchgeführten Untersuchungen umfassen einen weiten metaphysischen und esoterischen Bereich. Manche Lehren übersteigen mein dreidimensionales Begriffsvermögen. Deshalb nehme ich alles zum tieferen Verständnis in die innere Kammer des Lichts. Und manchmal »sehe« ich direkt die rote Flagge, die mir signalisiert, daß diese besondere Mitteilung aus einem niedrigeren Schwingungsbewußtsein kommt. Das bedeutet dann für mich, ich solle mich besser mit etwas anderem beschäftigen. Jeder von uns kann sich so verhalten ... wir müssen unsere Intuition entwickeln, damit wir keine Zeit mit unwichtigen Dingen verschwenden ... und nicht in die Irre laufen. Denken wir stets daran, daß alle Wahrheit aus dem Geist der Wahrheit im Innern kommen muß.

9. Frage: Werden wir von spirituellen Meistern aus anderen Bereichen geführt?

Antwort: Das von allen Erleuchteten erworbene Wissen wird von den Suchenden als »Führung« in ihr Bewußtsein gezogen. Die Summe des Ganzen dient den Teilen, bis das Licht aus dem Innern eines jeden Menschen als spirituelle Erleuchtung hervorscheint.

10. Frage: Hast du Beweise dafür, daß Meditation und geistige »Behandlung« im Leben eines Menschen wirklich einen Unterschied machen?

Antwort: Die Unterlagen von Quartus sind gefüllt mit Briefen von Männern und Frauen, die sich durch tägliche spirituelle Arbeit in eine neue Dimension des Bewußtseins erhoben haben und die jetzt die Früchte dieser höheren Schwingung genießen. Ein paar Beispiele:

- »Wunder folgt auf Wunder! Etwas, über das ich ganz schüchtern mit Gott gesprochen habe, jedoch niemals laut erbitten konnte, ist wahr geworden. Und die Umstände sind so bemerkenswert, daß mir klar geworden ist: Das Wunder hat nur darauf gewartet, daß ich es annehmen möge. Jetzt glaube ich, daß alles dem möglich ist, der nur glaubt.«

- »Seitdem ich der einen Gegenwart, der einen Macht gewahr wurde und sie als meinen Partner annahm, ist mein Leben ein tägliches Wunder. Ich weiß, daß man der Dinge gewahr sein muß, daß man ständig wach sein muß. Ich fühle mich gesegnet in dem WISSEN, daß ›alles dem möglich ist, der glaubt‹ ... ›wie ein Mensch in seinem Herzen denkt, so ist er‹ und ›alle Dinge warten darauf, daß das Herz sie annehmen kann‹. Diese Sätze sind für mich nicht nur Zitate, sondern die WAHRHEIT, die ich mir selbst jeden Tag beweise.«

- »Ich bringe so schnell und mit so viel Fülle Ergebnisse hervor, daß ich manchmal direkt davor erschrocken bin. Ich fühle mich wie eine Laserpistole direkt aus einer ›Star Trek‹-Episode, nur mit dem Unterschied, daß es sich hierbei nicht um einen Laserlichtstrahl handelt, sondern um die Kraft und schöpferische Energie, die durch mich in die Welt ausströmt. Ich bringe Ergebnisse hervor, die von der physischen Welt bezeugt werden.«

- »Seit zwei Jahren fühle ich mich wie ein Schwamm, der alles aufsaugt, was er liest. Manchmal war diese Aufnahme erfreulicher Art, manchmal aber auch nicht. Doch ich erkenne, daß die Grenzen von mir selbst gezogen werden. Wenn ich hinausdränge, um mehr zu lernen, dann ist das fast mehr, als ich verstehen kann. Also gehe ich einen Schritt zurück, d. h. ich gebe mir Zeit, das Gelesene zu verstehen, dann kann ich wieder Neues aufnehmen. Als ich am Ende meines eigenen Seils ankam und mich entschloß, loszulassen und Gott zu lassen, fand ich das Königreich in mir. Das dann folgende Wissen machte mich sprachlos. Plötzlich paßten alle Teile zusammen.«

- »Endlich lernte ich die Lektion des ›Ich bin alles, was du suchst.‹ Ich suchte nach den Ergebnissen und konzentrierte mich daher mehr auf meine Bedürfnisse als auf die Gegenwart und das Wissen, daß ICH die Ursache BIN. Ich fühle mich großartig! Seit gestern geschieht Wunder auf Wunder, eines nach dem anderen.«

• »Als ich letzte Nacht während der Heimfahrt um eine Kurve fuhr, kam mir ein Wagen mit 100 Meilen pro Stunde entgegen, der die Kurve nicht mehr schaffte. Vor mir geriet er ins Schleudern, traf auf die Bordsteinkante, flog kopfüber, dann über das Dach meines Wagens. Während des ganzen Vorgangs fühlte ich mich beschützt – niemand im anderen Wagen war ernsthaft verletzt. Ich fühlte mich geborgen wie in einem Mantel der Liebe und des Lebens, und dieses intensive Gefühl hielt noch Tage an. Während dieser Zeit überschüttete mich das Universum mit Segnung über Segnung.«

• »Ich wollte euch nur wissen lassen, wie sehr wir unser neues Haus lieben und segnen. Es ist absolut erstaunlich, als ich jedoch erst einmal meine Empfangskanäle geöffnet hatte, begann das Geld für die Anzahlung hereinzuströmen – $ 13 000 in 48 Stunden. Gott wirkt Wunder auf höchst seltsame Weise.«

• »Ich habe gerade das 40-Tage-Programm für Wohlstand beendet. Es funktioniert! Ich brauchte neue Möbel für mein Schlafzimmer – das alte war längst verschlissen, und ich wußte nicht, woher das Geld für ein neues Schlafzimmer kommen sollte. Einen Tag nach Beendigung des Programms erhielt ich ein wenig Geld, doch mit diesem Betrag konnte ich nicht alles kaufen, was ich brauchte, weil Möbel in dieser Gegend sehr teuer sind. So sagte ich: »Lieber Gott, so viel habe ich ... Ich gehe jetzt mit dieser Summe los und lasse mich von dir in das richtige Geschäft führen, wo man das hat, was ich mir wünsche.« Nun, ich habe wirklich die gewünschten Möbel gefunden, so, wie ich es mir vorgestellt hatte – und all das zum richtigen Preis, so daß noch $ 100 übrigblieben. Die Möbel wurden noch am selben Tag geliefert. Gott ist wirklich wunderbar!«

• »Am Sonntagnachmittag ging ich zum Ballett. Das Parkhaus war so dunkel, daß ich die Beleuchtung einschaltete. Da ich dort keinen Platz fand, landete ich auf dem Dach im hellen Sonnenlicht und vergaß, das Licht auszuschalten. Als ich nach drei Stunden zurückkam, machte die Batterie beim Umdrehen des Schlüssels nicht den leisesten Mucks. Ich betete und versuchte es noch mehrmals. ›Uhh‹ machte es, und weiter nichts. Ich gab meinen Fehler zu, bat um Verzeihung, und auch dafür, daß ich glaubte, eine leere Batterie würde bedeuten, das Auto könne nicht starten. Ich anerkannte Gott als die *einzige* Kraft, machte mir bewußt, daß die leere Batterie nur Täuschung ist, die Vergangenheit vorbei war und mich nicht treffen konnte, daß es für Wunder keine Schwierigkeiten gibt, der Heilige Geist das Problem für mich in diesem Augenblick lösen könnte, und ich wußte, daß die gesamte Liebe des Universums in diesem Moment in meine Batterie hineinfloß. Dazu brauchte ich eineinhalb Minuten. Ich drehte den Schlüssel erneut und der Motor startete sofort, ohne weitere Schwierigkeiten. Eine Anmerkung noch. Ich erzählte meiner Aushilfe am nächsten Tag davon. Am Dienstag fuhr sie in strömendem Regen zu einem Geschäft, drehte das Licht an, vergaß es, und als sie zurückkam, sagte ihre Batterie auch nur ›uhh‹. Sie kontemplierte und ›erinnerte‹ sich der Wahrheit für eineinhalb Minuten, und dann funktionierte auch ihre Batterie wieder ohne Schwierigkeiten. Sie gab aber zu, einige Zweifel gehabt zu haben, doch ihr Glauben war wohl doch stark genug, denn es funktionierte.«

• »... Ich bin so glücklich, denn ich kann euch jetzt berichten, daß mein ganzes Leben sich gewandelt hat und meine Welt nun von Licht, Frieden und Glück erfüllt ist. Als ich zuletzt schrieb, war ich voller Furcht und sehr einsam – und ich hatte auch keine Arbeit. Doch als ich losließ und mich Gott übergab, wurde meine ganze Welt von Licht erfüllt. Ich bin buchstäblich in eine Arbeit hineingefallen, die ich liebe, und es erschienen gleich einige neue Kunden. Mein Wohlstand wächst ständig, und ganz sicher befinde ich mich auf dem Weg zu finanzieller Unabhängigkeit. Doch viel wichtiger ist, all meine Furcht ist vergangen, und ICH WEISS, daß Gott auf ewig meine Quelle ist.«

• »Nun durchströmt mich die heilende Energie und macht mich gesund. Ich brauche nur zu sein, was ICH BIN, war und auf ewig sein werde – LIEBE. Was Jesus tat, vermag jeder von uns. Ich weiß es. Ich kann es. Wenn ich es kann, dann können wir es alle – indem wir zu dem erwachen, wer wir wirklich sind und was wir wirklich sind und dann unser göttliches Erbe antreten.«

11. Frage: Welches ist die wirkungsvollste Meditationsart und spirituelle Behandlung?

Antwort: Die dir am besten weiterhilft. Erinnere dich daran, daß dein

Gutes schon IST! In der Tiefe deines Bewußtseins besitzt du bereits den spirituellen Prototyp all dessen, was du dir in der physischen Welt nur wünschen kannst. Deine Aufgabe hierbei ist, dein Bewußtsein freizumachen und ein offener Kanal für das Ausströmen deines Guten zu werden. Und der »Weg« hierzu ist abhängig von deiner besonderen Veranlagung und der Schwingung des Bewußtseins. Wenn du jeden Tag eine gewisse Zeit mit den »Lektionen« dieses Arbeitsbuches in kontemplativer Meditation verbringst, öffnest du die Tür zu deinem geheimen Raum. Der Geist in dir ist dafür deine Garantie!

12. Frage: Können wir durch Gruppenarbeit unser Bewußtsein schneller entfalten?

Antwort: Wenn du eine *spirituelle* Gruppe meinst, dann ist die Antwort eindeutig ja. Die Zeit geistigen Wachstums durch totale Isolation ist vorbei. Sie ging mit dem Fischezeitalter. Im Wassermannzeitalter, dem Zeitalter der Spiritualität, liegt die Betonung darauf, daß zwei oder mehr im Namen und durch die Kraft des innewohnenden Christus zusammenfinden. Deshalb ist es so wichtig, in einer Neugeist-Kirche, Studiengruppe oder einer wöchentlichen Gruppe zusammenzukommen, in der Erfahrungen ausgetauscht werden. Wenn die Mitglieder der Gruppe die gleiche Schwingung haben, dann ist das gegenseitige geistige Behandlung, die so kraftvoll sein kann, daß immer wieder die Begrenzungen von Zeit und Raum aufgehoben und neue Bedingungen geschaffen werden. Außerdem trägt der Austausch von Energien zweifellos zum spirituellen Wachstum bei.

Über den Autor

John Randolph Price ist Präsident und Geschäftsführer von »The Quartus Foundation for Spiritual Research, Inc.«, einer gemeinnützigen Organisation mit Hauptquartier in den Texas-Hügeln in der Nähe von Austin. Seine Frau Jan, Mitgründerin von Quartus, ist Vorsitzende des Beratungsausschusses. Zusammen leiten sie in den Vereinigten Staaten Seminare, die das große geistige Erwachen, das jetzt auf dem Planeten Erde stattfindet, zur Grundlage haben.

Beide sind im Radio und im Fernsehen in verschiedenen Hauptstädten der USA aufgetreten. Sie haben bei Divine Science, Religious Science, Unity und anderen unabhängigen Neugeist-Kirchen Arbeitskreise durchgeführt und als Gastsprecher an Symposien teilgenommen, die durch die International New Thought Alliace (I. N. T. A.), der »Association for Research and Enlightenment« und anderen metaphysischen Gruppen gefördert wurden. Seit mehr als 15 Jahren befassen sie sich mit spirituellen Forschungen und der Anwendung metaphysischer Gesetzmäßigkeiten.

Außer der »Planetarischen Kommission« hat John auch die Bücher »The Superbeings«, »The Manifestation Process« (10 Steps to the Fulfillment of Your Desires) und »Practical Spirituality« geschrieben.

The Quartus Foundation

The Quartus Foundation for Spiritual Research (Die Quartus-Gesellschaft für geistige Forschung) ist eine Organisation, die der Forschung und Kommunikation der Göttlichkeit des Menschen gewidmet ist. Wir wollen die Berichte der Vergangenheit studieren, Ereignisse und Erfahrungen der Gegenwart untersuchen und die Möglichkeiten und das Potential der Zukunft durch das erleuchtete Bewußtsein erwachter Seelen erforschen. Unser Ziel ist es, immer wieder die Wahrheit zu dokumentieren, daß der Mensch ein göttliches Wesen und mit allen spirituellen Fähigkeiten ausgestattet ist... daß der Mensch wahrlich individualisierter Gott ist und der Meister sein kann, der die Herrschaft über die materielle Welt erlangt, sobald er zu seinem wahren Wesen erwacht.

Diese Dokumentation wird möglich durch tiefgehende Untersuchungen der niedergeschriebenen Geschichte der Vergangenheit und Gegenwart, die von der heilenden, Wohlstand bringenden und harmonisierenden Kraft Gottes verkünden, die in und durch den Menschen zum Ausdruck gebracht wird. Wir glauben, daß der Mensch fähig ist, über jedes Problem und jede Herausforderung, die auf ihn zukommen können, hinauszuwachsen. Dies gelingt ihm schon jetzt täglich auf eine Art und Weise, die man sowohl »mysteriös wie auch mirakulös« nennen kann. Doch in Wahrheit verschwinden das Böse, die Krankheit, das Versagen, die Begrenzung, die Gefahr, die Ungerechtigkeit durch eine Änderung im individuellen Bewußtsein. Was hat zu diesem Wechsel geführt? Wir wollen sowohl das Problem als auch die Lösung genau untersuchen, die Tätigkeit und das Gesetz des Gemütes, Ursache und Wirkung – und einen Fundus an Wissen aufbauen, der auf der Wechselwirkung von Geist, Seele, Körper und der Welt der Form und Erfahrung beruht.

Wir glauben, daß das, was *ein* Mensch tun kann, um die Verhältnisse zu ändern und Ordnung und Harmonie wiederherzustellen, jeder vermag. Indem wir spezielle Beispiele untersuchen und verbreiten, die die dem Menschen innewohnenden Kräfte verdeutlichen, tragen wir unseren Teil dazu bei, das allgemeine Bewußtsein zu heben. Durch größeres Verständnis können wir alle einen dynamischeren Glauben an unser inneres Selbst und die Überzeugung entwickeln, daß unser Potential nur begrenzt wird durch unsere Sichtweite. Wir müssen erkennen, daß die Menschheit Gottheit ist und mit nicht weniger zufrieden sein sollte als dem Himmel auf Erden.

Weitere Einzelheiten über die Arbeit von »The Quartus Foundation« enthält ein für dich kostenloses Exemplar von

»The Quartus REPORT«
P. O. Box 26683
Austin, Texas 78755
USA